prima aktiv

AF626164

A1.2 | Deutsch für Jugendliche
Kursbuch

Sabine Jentges
Friederike Jin
Anjali Kothari

Deine **interaktiven Übungen** findest du hier:

1. Gib den unten stehenden Zugangscode in die Box ein.
2. Hab viel Spaß mit deinen interaktiven Übungen.

5636-pg-tezh

Dein Zugangscode auf
go.cornelsen.de

Die Nutzungsdauer für die Online-Übungen beträgt nach Aktivierung des Zugangscodes zwei Jahre. In dieser Zeit speichern wir deine Lernstandsdaten für dich; nach Ablauf der Nutzungsdauer werden sie gelöscht.

Cornelsen

prima aktiv

A1.2 | Deutsch für Jugendliche
Kursbuch

Im Auftrag des Verlages erarbeitet von Sabine Jentges, Friederike Jin und Anjali Kothari
Phonetik: Friederike Jin
Landeskunde: Sabine Jentges

Redaktion: Maria Funk
Redaktionelle Mitarbeit: Anne Planz
Projektleitung: Kathrin Sokolowski
Redaktionsleitung: Gertrud Deutz

Didaktisch-methodische Beratung: Dr. Robson Carapeto-Conceição, Deutsche Schule Rio de Janeiro; Dr. Dorothé Salomo, Herder-Institut, Universität Leipzig; Alev Yazıcı, Ankara

Illustration: Doris Umschaden
Umschlaggestaltung und Layoutkonzept: Rosendahl Berlin, Agentur für Markendesign
Technische Redaktion und gestalterische Beratung: graphitecture book & edition
Technische Umsetzung: Straive

Basierend auf prima plus A1.2 von Friederike Jin und Lutz Rohrmann

Weitere Materialien und Informationen zur Lehrwerksreihe finden Sie unter:
www.cornelsen.de sowie
www.cornelsen.de/prima-aktiv

1. Auflage, 3. Druck 2026

Alle Drucke dieser Auflage sind inhaltlich unverändert und
können im Unterricht nebeneinander verwendet werden.

Schválilo MŠMT č. j.: MSMT-17936/2023-3 dne 21. 11. 2023 k zařazení do seznamu učebnic pro základní vzdělávání jako součást ucelené řady učebnic pro vzdělávací obor Cizí jazyk s dobou platnosti šest let.

Druck: Livonia Print, Riga

ISBN 978-3-06-122591-9 (Kursbuch)
ISBN 978-3-06-122613-8 (E-Book)

PEFC/12-31-006

PEFC zertifiziert
Dieses Produkt stammt aus nachhaltig bewirtschafteten Wäldern und kontrollierten Quellen.

www.pefc.de

prima aktiv

Das Wichtigste auf einen Blick

prima aktiv A1.2 ist der zweite Band einer Lehrwerksreihe für Jugendliche, die in sieben Bänden von den Niveaustufen A1 bis B2 des Gemeinsamen Europäischen Referenzrahmens führt und auf die Abschlussprüfungen der jeweiligen Niveaustufe in Deutsch vorbereitet.

prima aktiv – Der Name ist Programm

Abwechslungsreiche Themen greifen die Lebenswelten und Interessen junger Lernender auf, motivierende Lern- und Aufgabenformate bieten zahlreiche Anlässe zur Interaktion und Kommunikation in der Klasse.

Lernen mit dem Kursbuch A1.2

Das Kursbuch enthält sieben Einheiten, die Sonderseiten Fakten & Kurioses, Kleine Pause und Große Pause sowie eine alphabetische Wortliste.

Jede Einheit besteht aus zehn Seiten und ist nach dem gleichen Prinzip aufgebaut.
Zwei fotoreiche Auftaktseiten führen in die Themen ein und präsentieren die Lernziele.
Auf **sechs Folgeseiten** vermitteln lebendige Dialoge und abwechslungsreiche Texte wichtige sprachliche Strukturen. Die Kästen „Denk nach!" helfen, Strukturen selbst zu erkennen und grammatisches Regelwissen aufzubauen. Die Fertigkeiten Hören, Lesen, Sprechen und Schreiben werden systematisch entwickelt. Jede Doppelseite bildet eine Unterrichtssequenz und endet mit der Zielaufgabe, in der der neue Lernstoff aktiv Anwendung findet.
Eine **Vlog-Seite** begleitet die Videosequenzen mit Emma, die zusammen mit ihren Freunden einen Einblick in ihr Leben und ihre Stadt Berlin schenkt.
Die letzte Seite **Das kann ich jetzt** fasst das Gelernte kompakt zusammen.

Die Landeskunde-Seiten Fakten & Kurioses nehmen Sprachen und Kulturen in Deutschland, Österreich, der Schweiz und Liechtenstein in den Blick. Ausgewählte Impulse wecken Neugier und werden mit der eigenen Lebenswelt in Bezug gesetzt und reflektiert.

Die Kleine Pause und die Große Pause ermöglichen eine spielerische und kommunikative Wiederholung des Lernstoffs.

Zahlreiche Begleitmaterialien in der Cornelsen PagePlayer-App

Das Kursbuch ergänzen Hörtexte, Lieder, Videos, Lesetexte, Aufgaben zum kooperativen Lernen, Prüfungstipps und interaktive Übungen. Kleine Symbole im Kursbuch verweisen auf das ergänzende Lernangebot zum geeigneten Zeitpunkt. Die Materialien sind über die kostenlose Cornelsen PagePlayer-App direkt aus dem Kursbuch abspielbar. Alternativ können sie aus dem Webcode geladen werden. Hier stehen außerdem Kopiervorlagen für ergänzenden CLIL-Unterricht zur Verfügung.

In Kooperation mit DUDEN liegt jedem Band ein Lesezeichen mit grammatischen Themen bei.

Viel Spaß und Erfolg beim Deutschlernen mit prima aktiv wünscht das Cornelsen-Team!

Inhalt

12

13

14

8 Das ist mein Zimmer

1 Mein Zimmer ist bunt

02 a Seht das Bild an. Hört zu und sprecht nach. Zeigt die Wörter auf dem Bild.

b Seht das Bild eine Minute an und merkt euch die Wörter. Schließt das Buch und notiert die Wörter in eurer Gruppe. Die Gruppe mit den meisten richtigen Wörtern gewinnt.

03 c Hört das Lied und kreuzt an: Welche Wörter hört ihr?

☐ ein Bett	☐ ein Regal	☐ ein Stuhl	☐ ein Hund
☐ ein Tisch	☐ eine Lampe	☐ ein Laptop	☐ ein Goldfisch

04 d Hört weiter und verbindet: Was hat welche Farbe?

das Bett *der Schrank* *die Wand* *der Fisch*

Das Bett ist …

e Was habt ihr in euren Zimmern? Welche Farben haben diese Sachen? Fragt und antwortet.

Was hast du in deinem Zimmer?

Ich habe einen Tisch.

Welche Farbe hat der Tisch?

Er ist grau.

2 Emotionen und Aktivitäten im Zimmer

05 **a Hört zu und ergänzt die Adjektive. Wie heißen die Wörter in eurer Sprache?**

traurig · froh · wütend · müde

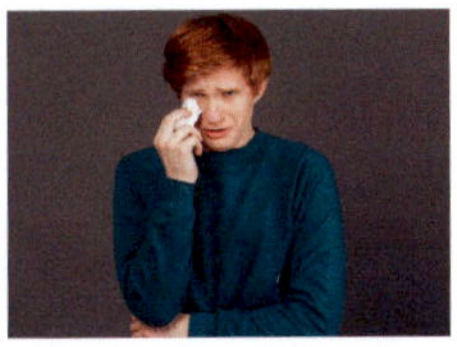

_______ | romantisch | _______ | wild

_______ | ruhig | _______ | aktiv

b Zeigt die Emotionen mit Mimik und Gestik. Die anderen raten.

06 **c Hört das Lied weiter. Wie ist der Sänger in seinem Zimmer? Welche Emotionen hört ihr?**

d Hört noch einmal. Was macht er im Zimmer? Kreuzt an.

☐ lesen ☐ tanzen ☐ singen ☐ schlafen ☐ Sport ☐ Musik hören

07 **e Hört das ganze Lied. Lest und singt mit.**

Ein Bett, ein Stuhl, ein Tisch, – ein Aquarium und ein Fisch,
eine Lampe, ein Poster, ein Bild – und die Farben mag ich wild.
Das ist mein Zimmer – hier bin ich immer.
Das Bett ist grün, die Wand ist blau, – mein Schrank ist rot, ich hasse Grau.
Schau, das Aquarium auf dem Tisch, – viele Farben hat mein Fisch.

Hier bin ich traurig. – Hier bin ich froh,
wütend und romantisch sowieso.
Hier lese ich und hier schlafe ich ein,
höre Musik ganz allein.
Komm doch mal zu mir – dann zeige ich es dir.
Ich lad dich in mein Zimmer ein – dann können wir zusammen sein.

3 So bin ich in meinem Zimmer

Was macht ihr in eurem (Traum)-Zimmer gern und wie seid ihr da?

In meinem Zimmer tanze ich gerne und bin immer froh. Und du?

Ich mache Sport und bin oft aktiv.

Das lerne ich: Mein Zimmer beschreiben • Anweisungen geben • Bitten formulieren • über Gefühle sprechen • sagen, wo etwas ist • Aussagen korrigieren • eine Hörgeschichte schreiben und spielen

4 Wie sieht dein Zimmer aus?

a Lest den Text und kreuzt an: Welche Überschrift passt?

☐ A *Ich liebe Musik* ☐ B *Meine vier Wände* ☐ C *Die Uhr hängt an der Wand*

Das ist mein Zimmer – hier bin ich gern. An der Wand steht ein Regal. Zwischen dem Regal und der Tür steht meine Gitarre. Meine Bücher stehen im Regal. Vor dem Fenster steht mein Schreibtisch, aber ich lerne gerne mit meinem Laptop auf dem Bett. Meine Zeitschriften liegen oft auf dem Boden neben dem Bett. Über dem Bett hängt eine Uhr an der Wand. Unter der Uhr hängen zwei Bilder. Die mag ich sehr. Meine Schuhe stehen immer vor dem Bett. Das ist praktisch.

b Lest den Text, unterstreicht die Verben *hängen*, *liegen*, *stehen* und sucht die jeweiligen Sachen auf dem Bild. Was bedeuten die Verben? Wie heißen sie in eurer Sprache?

c Seht das Bild noch einmal an. Was hängt/liegt/steht noch im Zimmer? Schreibt zwei richtige und zwei falsche Informationen in eure Hefte.

Der Stuhl – Die Jeans –		über dem Bild. – unter der Uhr. –
Die Bilder – Das Bett –	hängt / hängen	auf dem Bett. – vor dem Fenster. –
Die Lampe – Die Gitarre –	steht / stehen	zwischen dem Bett und dem Schreibtisch. –
Das Regal – Die Schuhe –	liegt / liegen	an der Wand. – hinter dem Bett. –
Die Bücher		in dem Regal. – neben dem Papierkorb.

Die Jeans liegt auf dem Bett.

d Phonetik: korrigieren. Seht das Foto in a an. Lest dann die Sätze.
08 **Hört zu und unterstreicht die betonten Wörter.**

- Der Papierkorb steht auf dem Stuhl.
- Falsch, der Papierkorb steht neben dem Stuhl.
- Die Uhr hängt über dem Schreibtisch.
- Falsch, die Uhr hängt über dem Bett.

e Hört zu und korrigiert. Betont wie in d.
09
1. auf dem Tisch
2. vor dem Fenster
3. auf dem Boden
4. neben dem Fenster
5. an der Wand
6. über den Bildern

f Tauscht die Hefte und korrigiert die Sätze aus c. Lest sie dann laut mit Betonung.

5 Die Katze spielt Versteckern

a Wo ist die Katze? Schaut euch die Bilder an und ordnet zu.

1. auf der Couch
2. vor der Tür
3. an der Lampe
4. hinter dem Papierkorb
5. neben der Gitarre
6. über dem Schrank
7. unter dem Tisch
8. im Rucksack
9. zwischen den Stühlen

b Seht euch die Bilder an und schreibt, wo die Katze liegt, sitzt oder hängt.

1. Die Katze liegt auf der Couch.
2. Die Katze sitzt vor der Tür.

c Lest die Sätze im Heft und ergänzt die Artikel.

Denk nach!

Dativ – Frage: Wo?

m	auf dem Stuhl		in dem = im
n	auf d ___	Bett	an dem = ___
f	auf d ___	Couch	
Pl.	auf den Stühlen		

d Eine Gruppe versteckt einen Papierball im Klassenraum. Die andere Gruppe stellt Fragen und versucht, den Ball zu finden. Stoppt die Zeit. Die schnellere Gruppe gewinnt.

Ist der Ball auf dem Tisch?

Ist der Ball im Rucksack von Kim?

6 Ein Zimmer beschreiben

Sucht euch jeweils ein Bild aus. Wie ist das Zimmer? Schreibt einen Text und tauscht euch aus. Die Partnerin / Der Partner errät das Bild.

7 Pauls und Noras Traumzimmer

a Lest jeweils einen Text und ordnet die passenden Bilder zu.

die Hantel

der Spiegel

die VR-Brille

Mein Traumzimmer ist cool

(1) Paul: Mein Zimmer ist ein Traum. Es ist 30 Quadratmeter groß und sehr schön. Das Zimmer ist auf einem Baum. Mein Traumbaumhaus. Es ist hell und gemütlich. Ich habe viel Platz für meine Freunde und mich. Mein Sofa ist drei Meter lang. Ich habe zwei Fernseher, zwei Musikanlagen, acht Lautsprecher und viele Pflanzen. Vor dem Fenster hängt eine Hängematte. Da liege ich sehr gern. Ich chille und chatte mit meinen Freunden. Mein Zimmer ist nicht immer ordentlich, aber cool. Mama sagt, mein Zimmer ist nicht normal. Aber das ist mir egal. Ich hasse „normal".

Normal ist langweilig

(2) Nora: In meinem Zimmer bin ich oft glücklich und manchmal traurig. An der Wand hängt ein Spiegel und davor liegen meine Hanteln auf dem Sofa. Ich trainiere zwei Stunden jeden Tag. Das macht Spaß. Ich habe viele Kuscheltiere und liebe Chaos. 174 Kuscheltiere hängen an der Decke. Ich habe auch eine Kiste mit VR-Games. Virtual Reality ist cool. Manchmal habe ich Bäume und Blumen im Zimmer. Manchmal Roboter und manchmal Tiere. Ich liebe meine VR-Welt, denn normal ist langweilig.

die Hängematte

das Kuscheltier

der Roboter

das Sofa

die Musikanlage

der Fernseher

der Lautsprecher

die Pflanze

b Lest euren Text noch einmal. Notiert Stichpunkte dazu. Die Fragen in c helfen.

c Beschreibt das Zimmer. Die Partnerin / Der Partner hört zu und beantwortet danach die Fragen zu eurem Text. Ihr kontrolliert.

Wie groß ist Pauls Zimmer?
Wie ist das Zimmer?
Was hat Paul in seinem Zimmer?
Wo hängt die Hängematte?
Was macht Paul in seinem Zimmer?

Welche Möbel hat Nora?
Wie viele Kuscheltiere hat sie?
Was hängt an der Wand?
Wo sind die VR-Games?
Was macht Nora in ihrem Zimmer?

d Wie sieht euer Traumzimmer aus? Macht ein Partnerinterview. Das Wörterbuch und die Fragen in c helfen.

8 Komm herein – das ist mein Zimmer

10 a Hört zu und kreuzt an: Welches Bild passt?

b Hört das Lied noch einmal in Abschnitten und sagt: Was ist auf dem anderen Bild anders?

Die Lampe steht …

c **Fragen zum Lied. Diskutiert in der Klasse.**

1. Findet ihr das Zimmer chaotisch oder ordentlich?
2. Was glaubt ihr: Wer sind die zwei Stimmen?
3. Was bedeutet „Räum dein Zimmer auf!"?

9 Mach dies – mach das!

a **Seht euch die Bilder an und ordnet sie den Aufforderungen und Bitten zu.**

- ☐ 1. Räum dein Zimmer auf!
- ☐ 2. Wiederholen Sie das bitte!
- ☐ 3. Seid bitte leise!
- ☐ 4. Schreibt die Hausaufgaben von der Tafel ab!
- ☐ 5. Mama, geh doch bitte, ich räum später auf!
- ☐ 6. Kauf doch bitte Popcorn und Cola!

11 b **Hört zur Kontrolle. Wer spricht? Ordnet die Sätze zu.**

- ☐ Mama → Tochter
- ☐ Tochter → Mama
- ☐ Freunde ↔ Freunde
- ☐ Schüler → Lehrer
- ☐ Lehrer → Schüler

c **Lest die Aufforderungen in a noch einmal und ergänzt die Sätze.**

Denk nach!

ihr	~~Ihr~~ seid leise.	Seid leise!
	~~Ihr~~ öffnet das Buch.	______________
du	~~Du~~ kauf~~st~~ Popcorn.	Kauf (bitte) Popcorn!
	~~Du~~ räum~~st~~ das Zimmer auf.	______________
Sie	Sie wiederholen es.	Wiederholen Sie es (bitte)!

Tipp

mal, *doch* und *bitte* machen die Bitte netter!

Projekt Malt Poster mit Regeln für euer Zimmer und stellt sie in der Klasse aus.

10 Phonetik: *b/p, g/k* und *d/t*

a Hört zu und sprecht nach.

12 das Bild – das Papier die Decke – die Tür die Gitarre – die Kiste
das Boxen – das Poster das Handy – der Teppich das Regal – der Rucksack

b Was hörst du ...

13

b oder *p*?	*d* oder *t*?	*g* oder *k*?
der Schreib•tisch	das Bild	der Tag
ab•ho•len	die Wand	ich mag
gelb	das Mäd•chen	liegt

Tipp

Am Silbenende spricht man das *b* als *p*, das *g* als *k* und das *d* als *t*:
[p] [k] [t]
der Schreibtisch, der Tag, das Bild

11 Bitten/Aufforderungen und Reaktionen

Seht euch die Karten an und formuliert Bitten/Aufforderungen mit dem Imperativ.

Gib mir bitte ...
Hol mal bitte ...
Kauf bitte ...
Trink doch ...

Ja, gern.
Klar, mache ich gern.
Nein, das geht leider nicht.

12 Abenteuer mit Freunden

a Seht das Foto an und sprecht in der Klasse. Was seht ihr? Was kann man da (nicht) machen?

Ich sehe ein Haus.

Vielleicht kann man da spielen.

14 **b** **Lest die Fragen und hört Teil 1 der Geschichte. Beantwortet dann die Fragen. Hört noch einmal und überprüft eure Antworten.**

1. Wie viele Türen und Fenster hat das Baumhaus?
2. Wie sieht es aus? Ist es hell oder dunkel, groß oder klein?
3. Was steht auf dem Teppich?
4. Warum sagt Lisa: „Sei leise“? Was glaubt ihr?

15 **c** **Hört nun Teil 2 und kreuzt an: Was ist richtig? Hört zur Kontrolle noch einmal.**

1. ☐ Hier lebt Dob.
2. ☐ Dob ist 50 Jahre alt.
3. ☐ Lisa und Toni können Dob sehen.
4. ☐ Die Tür vom Baumhaus geht nicht auf.
5. ☐ Lisa ist laut.
6. ☐ Peters Vater ist Pilot.

d **Was glaubt ihr: Wie geht die Geschichte weiter? Sprecht in eurer Sprache.**

16 **e** **Hört die Geschichte zu Ende. Habt ihr richtig geraten?**

f **Seht den Comic an und bringt die Bilder in die richtige Reihenfolge.**

14–16 **g** **Hört die ganze Geschichte und ordnet die Sätze den Bildern zu.**

A: *Schau mal, ein Baumhaus. – Das sieht gemütlich aus. Hell und groß.*

B: *Peter – du bist Dob!!??*

C: *Mach die Tür auf! Psst. Ruf Peter an! Sei nicht so laut!*

D: *Hiiii. Ich bin Dob. Ich kenne viele Geheimnisse!*

h **Spielt die Hörgeschichte vor oder schreibt eure eigenen Szenen zu den Bildern und spielt sie in der Klasse vor. Überlegt auch, wie ihr passende Hintergrundmusik machen könnt.**

13 Und da ist die Hängematte

a Was feiert ihr gern mit Freunden?

b Seht das Bild an. Was glaubt ihr, warum feiern Emma und Ben?

c Schaut den Vlog bis 01:00. Ist eure Vermutung richtig?

d Lest zuerst die Sätze. Seht dann den Abschnitt noch einmal. Kreuzt an.

1. Ben zieht in die neue Wohnung ... ☐ in einer Woche. ☐ in einem Monat. ☐ morgen.
2. Das Zimmer von Ben ist ... ☐ 14 m². ☐ 25 m². ☐ 52 m².
3. Das Zimmer von Bens Bruder ist ... ☐ klein. ☐ groß. ☐ schön.

e Schaut euch das Bild an. Was glaubt ihr, wie geht es im Vlog weiter? Schaut weiter bis 03:25.

f Welche Möbel möchte Ben für sein neues Zimmer? Kreuzt an.

☐ der Schreibtisch ☐ der Tisch ☐ der Fernseher ☐ der Stuhl

☐ das Bett ☐ das Bild ☐ das Regal ☐ das Sofa ☐ das Aquarium

☐ die Lampe ☐ die Hängematte ☐ die Pflanze ☐ die Uhr

g Schaut euch das Bild an. Was glaubt ihr, wer ruft an? Gibt es ein Problem? Schaut den Vlog bis zum Ende. Ist eure Vermutung richtig?

h Helft Ben. Wie kann sein Zimmer jetzt aussehen? Eine/-r sagt, wo die Möbel stehen und die/der andere malt die Möbel in das Zimmer.

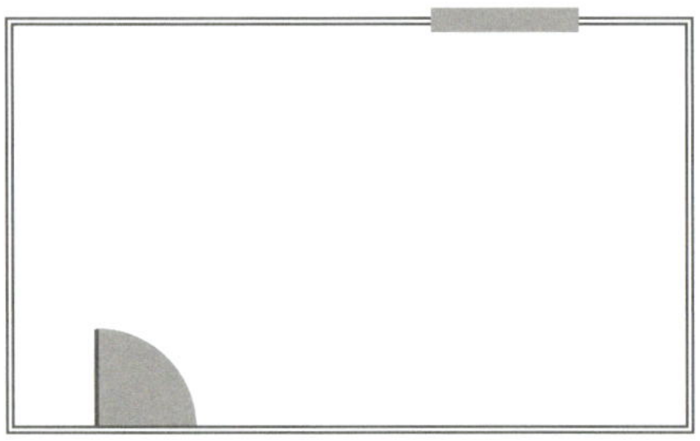

Der Schreibtisch steht unter dem Fenster.

Und das Bett steht ...

Das kann ich jetzt

Mein Zimmer beschreiben
Das ist mein Zimmer. Hier chille ich.
Ich habe einen Tisch. Er ist grau.

Über Gefühle sprechen
Ich bin traurig.
Ich bin froh.
Ich bin wütend/müde/romantisch/wild/ruhig/aktiv.

Sagen, wo was ist
Meine Bücher stehen im Regal.
Meine Schuhe stehen immer vor dem Bett. Das ist praktisch.

Anweisungen geben / Bitten formulieren
Räum dein Zimmer auf!
Seid bitte leise!
Wiederholen Sie das bitte!

Außerdem kann ich ...
- einen Lesetext verstehen und wiedergeben
- eine Hörgeschichte verstehen

Phonetik
- Aussagen korrigieren
- *b*, *d*, *g* am Silbenende

Grammatik auf einen Blick

Frage: Wo?
Präposition + Dativ: *an, auf, hinter, in, neben, über, unter, vor, zwischen*
Dativ (Singular): Die Katze ist auf dem Tisch. / auf dem Bett. / auf der Lampe.
Dativ (Plural): Die Katzen sind auf den Tischen. / auf den Betten. / auf den Lampen.

Bei den Verben *liegen, stehen, sitzen, sein* immer Präposition + Dativ.

Imperativ

	du-Form	ihr-Form	Sie-Form
machen	Mach bitte ...!	Macht bitte ...!	Machen Sie bitte ...!
aufräumen	Räum ... auf!	Räumt ... auf!	Räumen Sie ... auf!

9 Guten Appetit!

Guten Appetit!

Das schmeckt lecker!

Ich habe Hunger.

Guten Morgen!

Hast du Durst? Magst du Wasser oder Saft?

Ich möchte Obst.

1 Frühstück

a Schaut die Fotos an. Welche Wörter kennt ihr?
Welche sind in eurer/euren und in anderen Sprachen ähnlich?

b Sortiert die Wörter von Seite 16 in die Tabelle.

Das kann man essen.	Das kann man trinken.

17 c Hört zu. Welches Foto auf Seite 16 passt? Notiert die Nummer.

d Was könnt ihr sagen? Ordnet die Sprechblasen von Seite 16 zu.

1. Das Essen ist sehr gut.
2. Begrüßung am Morgen
3. vor dem Essen
4. Du möchtest essen.
5. Möchtest du etwas trinken?

18 e Was passt? Ordnet zu und hört zur Kontrolle.

1. Trinkst du gern Milch?
2. Magst du Obst?
3. Kennst du Schafskäse?

A: Ja, ich mag Obst.
B: Nein, Schafskäse kenne ich nicht.
C: Nein, ich trinke nicht gern Milch.

f Ergänzt die Fragen.

Denk nach!

die Milch (kein Plural)	Ich trinke gern Milch.
der Käse (kein Plural)	Isst du gern ________ ?
das Obst (kein Plural)	Magst du ________ ?

g Phonetik: Das lange *O* und das lange *U*. Hört zu und sprecht nach.

19 Das lange *OOO*, das geht so:
Joghurt, Brot und Obst – oho.

Das lange *UUU*, jetzt hör gut zu:
Mhm, Kuchen, den wollen wir versuchen.

h Was mögt ihr zum Frühstück? Notiert oder zeichnet im Heft. Vergleicht euer Frühstück in der Klasse. Was gibt es auch auf den Fotos? Was nicht?

Das lerne ich: Sagen, was ich gern esse • sagen, was ich morgens, mittags und abends esse • über Essen sprechen • etwas bestellen • Essen in Deutschland, Österreich und der Schweiz • Essen in der Schulkantine • Sprachmittlung

2 Essen in Deutschland

a Was isst man in Deutschland? Wie ist die Hitliste? Ratet und vergleicht.

Das isst man in Deutschland *

* Kilogramm pro Person im Jahr

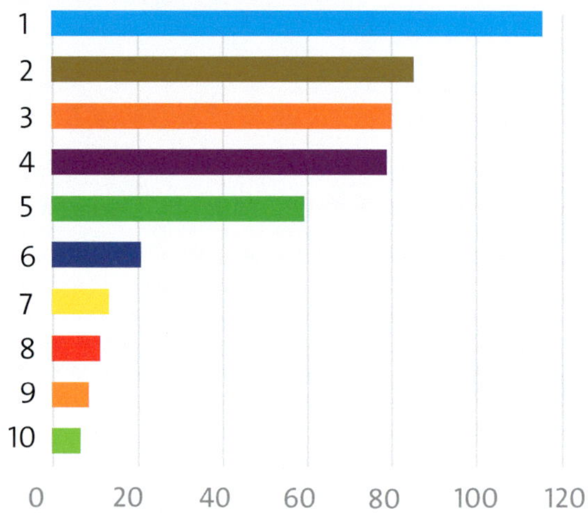

20 b Hört zu und kontrolliert.

c Lest und ergänzt die Sätze. Schreibt eigene Vergleiche.

In Deutschland isst man gern ..., in ... isst man ... (nicht/auch) gern.
In ... isst man gern ..., ich esse ... (nicht/auch) gern.
Ich esse gern ..., in ... isst man ... (nicht/auch) gern.

essen	
ich	esse
du	isst
er/sie/es/man	isst
wir	essen
ihr	esst
sie/Sie	essen

3 Mein Lieblingsessen

a Was esst ihr gern? Ergänzt die Tabelle. Sucht weitere Lebensmittel im Wörterbuch.

Das esse ich gern.	Das esse ich nicht so gern.	Das mag ich überhaupt nicht.

b Phonetik: Wörter im Satz betonen. Hört zu und sprecht nach.

21 Schokolade — Schokolade esse ich sehr gern.
Kartoffeln — Kartoffeln esse ich auch gern.
Fisch — Fisch esse ich nicht so gern.
Fleisch — Fleisch mag ich überhaupt nicht.

c Vergleicht in der Klasse und macht eine Klassenstatistik wie in a.

4 Mahlzeiten

a Lest den Text von Carolin. Welche Speisen kennt ihr nicht? Fragt euch gegenseitig.

primablogspot.beispiel.de

Am liebsten Schokoladeneis

Zum Frühstück essen wir Müsli und Brot mit Marmelade oder Käse, manchmal auch Wurst. Mein Vater macht jeden Morgen einen Gemüseteller mit Tomaten und Gurken. Ich mag am Morgen am liebsten Müsli mit Obst. Mein Bruder mag lieber Wurst- oder Käsebrot als Müsli. Ich trinke Tee oder Milch. Mein Bruder trinkt am liebsten Saft und mein Vater Kaffee.
In der Schulpause esse ich gern einen Apfel oder einen Joghurt, am liebsten aber einen Schokoriegel.
Zum Mittagessen bin ich manchmal in der Kantine, aber ich esse lieber zu Hause: am liebsten Nudeln mit Tomatensoße. Mein Bruder mag auch Nudeln, aber Kartoffeln isst er lieber. Mein Vater isst nicht gerne Fleisch, er isst lieber Fisch und Gemüse.
Zum Abendessen machen wir oft Salat oder mein Vater kocht eine Suppe. Ich esse am liebsten Nudelsuppe, mein Bruder mag lieber Kartoffelsuppe und mein Vater isst Tomatensuppe sehr gern. Und manchmal essen wir noch einen Nachtisch: Am liebsten mögen wir alle Schokoladeneis!

b Lest noch einmal und ergänzt die Tabelle: Was essen Carolin, ihr Vater und ihr Bruder wann?

Ich esse **gern** Kartoffeln.
lieber Kartoffeln **als** Reis.
am liebsten Nudeln.

zum Frühstück	in der Pause	zum Mittagessen	zum Abendessen

c Wer mag was am liebsten? Fragt euch gegenseitig.

Was isst Carolin zum Frühstück am liebsten?

Carolins Bruder isst lieber …

Projekt

5 Meine Essgewohnheiten

Macht ein Plakat und schreibt jeweils einen kleinen Text dazu.
Was esst ihr am liebsten? Wer kocht? Wo esst ihr (zu Hause, in der Kantine, im Restaurant)? Was esst ihr gern? Wann esst ihr?

6 Schulkantine

a Welche Speisen sind das? Sucht im Speiseplan und ergänzt.

 ______  ______  ______  ______  ______

Wochentag	Menü 1	Menü 2 (vegetarisch)
Montag	Spaghetti Bolognese, Schokoladenpudding	Spaghetti mit Tomatensoße, Schokoladenpudding
Dienstag	Gemüsepfanne mit Fisch und Reis, Vanilleeis	Gemüsepfanne mit Tofu und Reis, Vanilleeis
Mittwoch	Käsespätzle, Obstsalat	(wie Menü 1)
Donnerstag	Hamburger mit Pommes und Salat, Erdbeerjoghurt	Gemüseburger mit Pommes und Salat, Erdbeerjoghurt
Freitag	Kürbissuppe mit Brot, Apfelkuchen	(wie Menü 1)

b Lest den Speiseplan noch einmal. Was kennt ihr (nicht)? Was möchtet ihr probieren?

Ich kenne Spaghetti Bolognese.

Ich möchte gerne Kürbissuppe probieren.

Käsespätzle kenne ich nicht.

22 **c Lest und hört zu. Welcher Tag ist heute? Was essen Elias und Selma?**

- ● Hey, ich gehe essen. Kommst du mit?
- ■ Hey Elias, klar. Was isst du heute?
- ● Fisch. Magst du Fisch?
- ■ Nein, Fisch mag ich überhaupt nicht. Ich esse vegetarisch.
- ● Gemüsepfanne mit Tofu und Reis?
- ■ Ok, und zum Nachtisch?
- ● Es gibt Vanilleeis.
- ■ Lecker! Komm, Elias, wir gehen.

d Spielt einen eigenen Dialog mit dem Speiseplan.

Tipp

Zusammengesetzte Nomen haben den Artikel vom 2. Nomen.
der Kürbis + die Suppe
= die Kürbissuppe

7 Zusammengesetzte Nomen

a Schaut in die Speisekarte, welche Wörter findet ihr?

der Fisch · das Gemüse · die Pfanne · die Vanille · das Eis · der Käse · die Spätzle

das Obst · der Salat · der Burger · der Kürbis · die Suppe · der Apfel · der Kuchen

23 b Hört zu. Wo ist der Wortakzent: Auf Wort 1 oder 2?

c Spiel: Sammelt zu zweit eine Minute lang zusammengesetzte Wörter mit den Wörtern aus a. Welches Paar findet die meisten Wörter?

8 Am Imbiss

Brot & Brötchen	Warm & lecker	Süßes*
– Laugenbretzel mit Butter* – Brötchen mit ... ... Käse* ... Käse und Salami ... Thunfisch und Zwiebeln	– Döner (Kalbsfleisch oder Hähnchen) – Gemüsedöner* – Pizza Mozzarella* – Pizza Salami	– Joghurt (mit frischem Obst oder Honig) – Donut – Baklava * vegetarisch

24 a **Hört die Gespräche. Ist die Verkäuferin / der Verkäufer freundlich oder unfreundlich?**

b **Was essen und trinken die Jugendlichen? Was kostet das?**

c **Lest die Dialogausschnitte und ergänzt die Antworten.**

● Keinen Döner?
■ Doch, aber nicht mit Fleisch, einen Gemüsedöner, bitte.
● Und möchtest du nichts trinken?
■ Doch, eine Cola.
● Sonst noch etwas?
■ Nein, danke.

★ Also ein Stück Salami, keinen Käse?
♦ Doch, ich möchte Käse, aber Pizza Salami.
★ Also ein Stück Salami.
♦ Ja, gerne.
★ Und möchtest du etwas trinken.?
♦ Nein, danke. Aber einen Donut, bitte.

Denk nach!

Möchtest du etwas trinken?	Ja, gerne. / Nein, danke.
Möchtest du nichts trinken?	________, eine Cola. / Nein, danke.
Möchtest du keinen Käse?	Doch, ich möchte Käse.
	________, ich möchte keinen Käse.

9 Was möchtest du?

a **Ihr seid mit Freunden in Deutschland. Sie sprechen kein Deutsch. Erklärt ihnen die Speisen auf der Karte.**

b **Spielt Dialoge.**

10 Salat: Beilage und Hauptgericht

a Lest den Text. Wie heißen die Salate auf den Fotos?

In den deutschsprachigen Ländern isst man viel Salat: als Hauptgericht oder als Beilagensalat zu Fleisch oder Fisch. Salat mit Tomaten, Gurken, Oliven, Zwiebeln und Schafskäse heißt oft „Griechischer Salat". Und im „Italienischen Salat" sind Tomaten, Zwiebeln, Käse, Thunfisch und Eier, manchmal sogar Schinken. Als Nachtisch isst man gerne Obstsalat. Als Beilage zu Würstchen gibt es oft Kartoffelsalat. Nudelsalat isst man auch als Beilage oder Hauptgericht. Und Wurstsalat isst man mit oder auf Brot.

P **b Lest den Text noch einmal und kreuzt an, richtig oder falsch.**

	Richtig	Falsch
1. In Deutschland isst man nicht viel Salat.		
2. Salat mit Schafskäse und Oliven heißt „Italienischer Salat."		
3. Obstsalat isst man als Nachtisch.		
4. Wurstsalat isst man als Beilage.		

25 **c Hört zu: Was möchte Melisa machen?**

d Hört noch einmal: *müssen* oder *möchten*? Unterstreicht das passende Verb.

müssen
ich muss
du musst
er/sie/es/man muss
wir müssen
ihr müsst
sie/Sie müssen

1. Melisa muss/möchte Salat machen.
2. Ihr Vater muss/möchte viel Soße essen.
3. Melisa muss/möchte einkaufen.
4. Sie muss/möchte das Gemüse schneiden.

e Schreibt Sätze. Welches Wort steht immer in der Position 2? Und am Ende? Unterstreicht sie farbig in eurem Heft. Welches Verb ist konjugiert? Welches nicht?

1. Melisa – möchte – machen. – für ihre Familie Salat
2. muss – Gemüse und Baguette – Sie – einkaufen.
3. eine Soße aus Joghurt, Kräutern und Milch – machen. – Sie – möchte

f Ihr macht Salat. Beschreibt: Was müsst/möchtet ihr machen?

Wir möchten Salat machen.

Wir müssen ... kaufen.

11 Isst du gern Salat? Jugendliche berichten

a Lest die Beiträge. Welche Überschrift passt zu welchem Beitrag?

Mögt ihr Salat? | Salat international ... | Kein Salat für mich | Omas Salat: lecker!

Austauschklasse

Hi Leute, in meinem Deutschbuch steht: In den deutschsprachigen Ländern isst man viel Salat, auch als Hauptgericht: Grünen Salat, Nudelsalat und sogar Wurstsalat. Stimmt das? Und mögt ihr Salat? Wie oft esst ihr Salat? Was ist euer Lieblingssalat? Ich freue mich auf eure Antworten. Grüße aus Osaka! Akiko

Hallo Akiko, also, ich mag kein Grünzeug. Salat im Döner oder im Burger ist ok. Aber als Hauptgericht: Nein, Danke! Ich esse gern Nudelsalat mit Wurst. Meine Eltern machen manchmal Salat zu Fleisch oder Fisch. Sie essen aber lieber Gemüse.
Schöne Grüße aus Berlin, Knut

Hi hi, mein Lieblingssalat ist der warme Kartoffelsalat von meiner Oma. Das ist ganz einfach: Zuerst Kartoffeln und Zwiebeln klein schneiden und kochen, dann eine Soße mit Mayonnaise, Essig, Salz und ein bisschen Öl machen. Grüezi & Tschüs von Nina aus Basel

Hey Akiko! Ich bin Vegetarier und meistens esse ich auch vegan. Salat ist super, morgens esse ich oft Obstsalat mit Banane, Apfel und Orange. Ich liebe Obst und Gemüse. Ich mache Salat gern mit Gemüse und Reis oder Nudeln, Couscous oder Bulgur. Otsu esse ich auch gern. Das kommt aus Japan, oder? Wie ist das denn bei euch in Japan? Esst ihr viel Salat? Servus aus Bregenz, Philip

b Wer isst was gern? Sprecht zu zweit.

Obstsalat | *Couscoussalat* | *Otsu* | *Nudelsalat* | *Wurstsalat* | *Kartoffelsalat*

Salat mit Gemüse | *Salat als Beilage* | *Bulgursalat*

Nina isst gern ...

c Welche Informationen sind neu, was versteht ihr nicht? Was ist bei euch anders? Schreibt eine Reaktion.

12 Was kochen wir heute?

a **Emmas aktueller Vlog heißt: „Was kochen wir heute?" Kocht ihr manchmal? Wer kocht bei euch?**

b **Lest die Sätze und schaut den Vlog bis 00:46. Was stimmt nicht? Kreuzt an.**

1. Emma und Lisa haben ...
   - ☐ Hunger.
   - ☐ Durst.
   - ☐ wenig Geld.
2. Emma und Lisa ...
   - ☐ sind auf der Straße.
   - ☐ gehen ins Restaurant.
   - ☐ möchten selbst etwas kochen.

c **Was glaubt ihr, wie geht es weiter? Kreuzt an oder schreibt.**

Emma und Lisa machen ...

☐ Hamburger.

☐ Griechischen Salat.

☐ Gemüsepfanne.

☐ Schnitzel mit Salat.

☐ ______________________________

Aber, ...

☐ der Kühlschrank ist leer.
☐ Emma und Lisa können nicht kochen.
☐ Lisas Oma lädt sie in die Eisdiele ein.
☐ Emmas Bruder hat Spaghetti für sie gekocht.
☐ ______________________________

d **Schaut den Vlog bis 01:53. Ist eure Vermutung richtig?**

e **Was glaubt ihr, was machen Emma und Lisa jetzt? Was würdet ihr machen?**

f **Schaut den Blog bis zum Ende. Ist eure Vermutung richtig?**

g **„Was esst ihr am liebsten?" Beantwortet Emmas Frage und schreibt einen kurzen Text für den Kommentar. Sucht Fotos und erklärt Emma, was sie vielleicht nicht kennt/versteht.**

Was esst ihr gern zu Hause? (selbst gekocht von ...)
Was holt ihr gern? (to-go)

Das kann ich jetzt

Sagen, was ich gerne esse – vergleichen

Ich esse gern Gemüse.
Käse esse ich (nicht) gerne.
Du isst gern Salat, ich esse (nicht/auch) gern Salat.

Ich esse lieber Gemüse als Fleisch.
Am liebsten esse ich Salat.

Sagen, was ich morgens, mittags, abends esse

Zum Frühstück esse ich Brot mit Marmelade.
Zum Mittagessen essen wir manchmal Nudeln mit Tomatensoße.
Zum Abendessen essen wir oft Salat.

Am Imbiss etwas bestellen

- ● Ich möchte einen Döner. ■ Mit Fleisch?
- ● Haben Sie keine Pizza? ■ Doch. Wir haben Pizza Salami und ...
- ● Sonst noch etwas? ■ Nein, danke.
- ● Was kostet das? ■ Fünf Euro 60.

Außerdem kann ich ...

- über Essgewohnheiten sprechen
- Texte über Essen und Essgewohnheiten verstehen
- eine Reaktion zum Thema „Essen" schreiben
- eine Speisekarte verstehen

Phonetik

- das lange *o* und *u*

Grammatik kurz und bündig

Nomen ohne Plural

der Käse (kein Plural)
das Fleisch (kein Plural)
die Milch (kein Plural)

Nullartikel

Ich esse gerne - Käse.
Magst du gerne - Fleisch?
Ich mag - Milch.

Ebenso: Brot, Fisch, Gemüse, Obst, Käse, Wurst, Joghurt

Zusammengesetzte Nomen

1. das Gemüse + 2. die Pfanne = die Gemüsepfanne
Das 2. Wort bestimmt den Artikel. Der Wortakzent ist auf dem 1. Wort.

gern – lieber – am liebsten

Ich esse gern Nudeln. Ich esse lieber Reis als Nudeln, aber am liebsten Kartoffeln.

Ja – nein – doch

Isst du gern Obst?	● Ja, sehr gern.	■ Nein, nicht so gern.
Isst du nicht gern Obst?	● Doch, ich esse gern Obst.	■ Nein, nicht so gern.

10 Kommst du mit?

1 in der Natur: einen Baum pflanzen

2 im Jugendzentrum: das Fahrrad reparieren

3 zu Hause: ein Video machen

4 in der Kletterhalle: klettern

5 zu Hause: lesen

6 im Schwimmbad: ins Wasser springen

1 Das mache ich gern

26 a Was passt zu welchem Foto? Hört die Gespräche und ordnet zu.

Das ist Foto ...

27 b Hört zu und ergänzt die Tabelle: Was machen die Jugendlichen in ihrer Freizeit?

	Anton	Mila und Romy	Felix	Samira
Was?				
Wann?	1-2 mal pro Woche			
Wo?		in Milas Zimmer		

c Welche Freizeitaktivität findet ihr (nicht) interessant?
Was möchtet ihr auch/nicht machen? Warum?

Ich finde Schwimmen toll.
Ich mag Sport.

Fahrräder reparieren finde ich nicht gut.
Das kann und möchte ich nicht selbst machen.

2 Unsere Freizeit

a Was macht ihr gerne? Wie heißt das auf Deutsch?
Schaut nach oder fragt eure/-n Lehrer/-in.

b Klassenspaziergang. Fragt in der Klasse und sammelt danach an der Tafel.

Was machst du gerne?

Ich fotografiere Tiere.

Cool!

c Freizeit und Arbeitszeit: Notiert drei Tage in einer Tabelle.

Montag	Dienstag	Mittwoch
Mittagspause: 60 Minuten Hausaufgaben: 90 Minuten ...	Mittagessen: 30 Minuten Wörter lernen (Englisch und Deutsch): 30 Minuten ...	Mittagspause: 45 Minuten Fußballtraining: 90 Minuten ...

d Sind eure Aufgaben gut verteilt? Wie könnt ihr eure Zeiten besser organisieren und mehr Freizeit haben? Sprecht zu zweit.

Das lerne ich: Über Freizeitaktivitäten sprechen • Freizeitaktivitäten planen • Noten, Zeugnisse und Ferien vergleichen • sagen, was man machen möchte und was man machen muss • mit Emotionen sprechen • Online-Kommunikation: Blogkommentar

3 Am Wochenende

28 🔊 **a Hört den Dialog. Was machen die Jugendlichen am Samstag?**

b Hört und lest den Dialog. Warum sagt Emilia „Ich muss Mathe lernen“ und „Ich habe kein Fahrrad“?

● Was machst du am Samstag?
■ Keine Ahnung.
● Ich gehe ins Jugendzentrum zum Fahrradtreff. Wir fahren mit den Mountainbikes zum See, kommst du mit?
■ Ach nee.
● Warum nicht?
■ Ich kann nicht mitkommen. Ich muss Mathe lernen.
● Quatsch, du bist in Mathe super, das weiß ich doch. Und wir haben keine Hausaufgaben.
■ Aber ich habe kein Fahrrad und keinen Helm.
● Hä? Natürlich hast du ein Fahrrad. Du fährst jeden Tag mit dem Mountainbike zur Schule.
■ Na gut, ich habe halt keine Lust. Okay?!
● Dann gehen wir zum HipHop im Jugendzentrum. Da ist auch Disco. Das ist cool.
■ Na ja, es geht so. Aber von mir aus.
● Super. Wann gehen wir? Vielleicht um drei Uhr? Das Tanzen fängt um vier Uhr an.
■ So früh? So früh geht es nicht. Um Viertel vor vier. Okay?
● Kein Problem, um Viertel vor vier geht auch.

c Lest den Dialog zu zweit. Sprecht mit Emotionen.

d Lest den Dialog in b noch einmal. Ergänzt die Sätze.

Denk nach!

Negation mit „kein-“	Negation mit „nicht“
Ich habe einen Helm.	Ich kann mitkommen.
Ich habe ____________ Helm.	Ich kann ____________ mitkommen.
Ich habe keine Zeit / keine Lust / kein Geld.	Das stimmt ____________.

e Nein-Sager. Fragt und antwortet. Betont die Negation.

1. Hast du ein Fahrrad?
2. Brauchst du ein Fahrrad?
3. Kannst du bouldern?
4. Kommst du um drei Uhr?
5. Hast du einen Hund?
6. Gehst du heute Nachmittag spazieren?

Hast du ein Fahrrad?

Nein, ich habe kein Fahrrad.

4 Verabredungen

29 Hört die zwei Gespräche. Kreuzt an, richtig oder falsch.

	Richtig	Falsch
1. Zoe macht am Samstag eine Klettertour.	☐	☐
2. Zoe trifft Lea am Samstag.	☐	☐
3. Lea geht am Samstag um 4 Uhr schwimmen.	☐	☐
4. Sven geht nicht zum Sommerfest vom Jugendzentrum.	☐	☐
5. Sie essen auf dem Sommerfest zu Mittag.	☐	☐
6. Die Cousine von Tina geht nicht zu Festen.	☐	☐

5 Veranstaltungen

a **Lest das Programm vom Jugendzentrum schnell. Wozu passen die Fotos?**

Programm Mitmach-Woche vom Jukuz

Lesetreff

Ihr lest und erzählt gerne? Super! Dann kommt zum Lesetreff. Jeder präsentiert sein Lieblingsbuch. Das ist interessant! Donnerstag, 15–17 Uhr in der Bibliothek.

Workshop „Vogelhaus"

Auch Vögel brauchen ein Haus. Wir bauen zusammen Vogelhäuser. Dienstag, 14–17 Uhr. Ihr müsst nichts mitbringen, das Material haben wir hier.

Programm Mitmach-Woche vom Jukuz

Theaterworkshop

Mögt ihr Improvisationstheater? Mit vielen Ideen und Spaß schreiben und spielen wir unser eigenes Theaterstück. Montag und Freitag, 16–20 Uhr

Mathe-Zirkel

Mathematik ist spannend. Denkst du das auch? Dann komm zu unserem Mathe-Zirkel. Wir knobeln. Das macht Spaß! Mittwoch, 17 Uhr, Raum 16

b **Wählt jede/-r einen Workshop aus. Lest die Beschreibung genau. Zeigt dann ein Foto aus a und erklärt die Informationen, die ihr gelesen habt.**

c **Welchen Workshop findet ihr interessant? Wählt aus und spielt Dialoge wie in 3.**

Ich gehe zum Workshop „Vogelhaus".
zum Theaterworkshop.
zum Mathe-Zirkel.
zum Lesetreff.

Was machst du in der Mitmach-Woche?

Ich gehe vielleicht zum Theaterworkshop. Kommst du mit?

6 Monate und Jahreszeiten

30 a Hört zu und markiert den Wortakzent.

Januar Dezember November Oktober

Februar September

März August

April Juli

Mai Juni

b Welche Jahreszeiten passen zu welchen Monaten? Ordnet zu.

c Arbeitet zu zweit. A sagt einen Monat und B die passende Jahreszeit oder umgekehrt.

d Kurskette. Eine/-r sagt einen Monat.
Die/Der Nächste muss die drei Monate danach sagen.

November

Dezember, Januar, Februar

7 Wann ist das?

a Lest die Aussagen. In welchem Monat / welcher Jahreszeit ist das bei euch? Schreibt Sätze.

1. Bald feiern wir ein Fest. Toll!

2. Dann haben wir Ferien!

3. Mein Geburtstag. Super!

4. Keine Freizeit! Wir schreiben viele Klassenarbeiten.

5. Ich kann Skifahren gehen.

6. Das neue Jahr beginnt.

im + Monat (Januar, ...)
im + Jahreszeit (Frühling, ...)

1. Im Winter feiern wir ein Fest. Im Dezember ist Weihnachten.

b Welche Feste sind für euch wichtig? Wann sind sie? Sprecht in der Klasse.

8 Schulzeit und Ferienzeit

a Lest den Blog. Wie oft hat Ming Ferien? Wie oft gibt es Zeugnisse? Notiert im Heft.

primablogspot.beispiel.de

Ferien, Ferien, Ferien

Mein Schuljahr hier in Mainz ist super interessant. Heute schreibe ich euch Infos zu den Ferien und zu den Noten. Die Ferien hier in Mainz sind ganz anders als in Shanghai. In Shanghai haben wir einmal im Jahr lange Ferien: drei Monate im Sommer. Am Nationalfeiertag Anfang Oktober, am Frühlingsfest im Februar und Anfang Mai haben wir auch ein paar Tage schulfrei.
Hier ist es ganz anders. Die Ferien im Sommer sind sehr kurz, nur sechs Wochen 😟. Die Schule fängt im August an. Aber nach ein paar Wochen Schule sind schon wieder Ferien: zwei Wochen Herbstferien im Oktober 😊! Dann wieder zwei Monate Schule und dann sind im Dezember Weihnachtsferien, „nur" zehn Tage. Ende Januar ist das Schulhalbjahr zu Ende und wir bekommen ein „Halbjahreszeugnis" mit Noten. Wir haben dann auch noch eine Woche frei. Das sind die Winterferien. Viele Schüler fahren mit ihren Eltern Ski. Das möchte ich auch gerne machen. Ende März sind zwei Wochen Osterferien. Im Juni bekommen wir Zeugnisse. Die Zeugnisse sind sehr wichtig. Die Noten sind komisch, ganz anders als bei uns. Die Note 1 ist sehr gut und die Note 6 ist sehr schlecht. Ich hoffe, ich bekomme immer eine 1 oder 2 in Deutschland, in China aber am liebsten eine 100 😊.
Wie sind die Ferien bei euch? Wie findet ihr die deutschen Schulferien? Wann bekommt ihr Zeugnisse? Welche Note ist gut, welche Note ist schlecht bei euch?

b Wann sind die Ferien in Mainz und wann in China? Wie lange dauern die Ferien? Lest den Blog noch einmal und ergänzt die Informationen auf einem Zeitstrahl im Heft.

c Ergänzt eure Ferien in der Grafik in einer anderen Farbe.

d Vergleicht die Informationen mit eurem Land. Schreibt die Sätze zu Ende.

1. In Deutschland beginnen die Sommerferien im Juni, Juli oder August. Bei uns ...
2. In China haben die Schulkinder ungefähr drei Monate Sommerferien. Wir haben ...
3. In Deutschland bekommt man im Januar oder Februar ... und vor den Sommerferien ... Wir bekommen ...
4. Die Note 1 ist in China sehr schlecht. In Deutschland ... Bei uns ...

e Antwortet Ming. Schreibt einen Kommentar über Ferien, Zeugnisse und Noten in eurem Land. Die Sätze in d helfen.

9 Meine Zeit!

31 a **Hört und lest das Lied. Wer sagt was? Ergänzt die Personen im Lied.**

mein Vater — meine Mutter — meine Lehrerin — meine Freunde — meine Freundin — mein Bruder

Mein Tag, meine Freizeit, wo ist meine Zeit? Ich brauche mehr Zeit.

Ich muss lesen. Das will ______________________.

Ich muss aufräumen. Das will ______________________.

Ich muss Klavier spielen. Das will ______________________.

Ich mag Lesen.
Ich mag Aufräumen.
Ich mag Klavier spielen. Aber …

Müssen, **müssen**, immer **müssen**.
Ich will nicht lesen **müssen**. Ich will nicht aufräumen **müssen**.
Ich will nicht Klavier spielen **müssen**.
Ich will, ich will, ich will, ich will nicht **müssen müssen**.

Mein Tag, meine Freizeit, wo ist meine Zeit? Ich brauche mehr Zeit.

Ich muss Fußball spielen. Das will ______________________.

Ich muss im Chat antworten. Das wollen ______________________.

Ich muss tanzen. Das will ______________________.

Ich mag Fußballspielen.
Ich mag Chatten, aber …
Ich mag Tanzen. Aber …
Ich will nicht Fußball spielen **müssen**.
Ich will nicht chatten **müssen**.
Ich will nicht tanzen **müssen**.
Ich will, ich will, ich will, ich will nicht **müssen müssen**.

b **Hört das Lied noch einmal und singt mit.**

c **Lest das Lied und ergänzt die Formen von *wollen*.**

Denk nach!

wollen	
ich	________
du	willst
er/sie/es/man	________
wir	wollen
ihr	wollt
sie/Sie	wollen

10 Phonetik: *w*

a Hört zu und sprecht nach.

32 wwwww – ich will, du willst, er will, sie will, wir wollen, ihr wollt, sie wollen
wer? – wo? – wann? – was?
am Wochenende – Volleyball spielen – Quatsch machen

b Sucht W-Wörter in den Einheiten 8–10 und schreibt drei Sätze mit vielen W-Wörtern. Tauscht die Zettel. Eure Partnerin / Euer Partner liest die Sätze vor.

Wir wollen Volleyball spielen.

11 Spiel: *wollen* und *müssen*

a Schreibt vier Sätze auf einen Zettel: Was wollt ihr jeden Tag machen? Was müsst ihr jeden Tag machen? Eure Partnerin / Euer Partner darf euren Zettel nicht sehen.

mein Zimmer aufräumen – einkaufen gehen – Musik hören – früh aufstehen – lange schlafen – in die Schule gehen – einen Film sehen – lesen – chillen – mein Fahrrad reparieren – Wörter lernen – fernsehen – Computer spielen – Hausaufgaben machen – in der Küche helfen – Wäsche waschen – Freunde treffen – mit unserem Hund spazieren gehen

1. Ich will jeden Tag einen Film sehen. Ich will jeden Tag ...
2. Ich muss jeden Tag ...

b Spielt zu zweit. Fragt euch Ja/Nein-Fragen und findet heraus, was die/der andere notiert hat. Wer zuerst alle geraten hat, gewinnt.

Musst du jeden Tag früh aufstehen, Halil?

Nein, ich muss nicht jeden Tag früh aufstehen. Willst du jeden Tag Freunde treffen?

Halil will ...
1. Freunde treffen

Halil muss ...

Ja, ich will ...

12 Einen Songtext schreiben

Schreibt einen Liedtext wie in 9. Hängt die Lieder in der Klasse auf und lest/singt gemeinsam.

13 Was machen wir heute?

a An der Eisdiele. Was mögt ihr? Was kennt ihr (nicht)? Wählt jede/-r eine Kugel Eis.

Ich hätte gerne eine Kugel ...

b Schaut den Vlog bis 01:59. Emma, Ben, Max und Paula essen ein Eis und sprechen. Was ist das Thema?

c Seht noch einmal. Was ist der Plan für den Nachmittag? Kreuzt an.

☐ ins Freibad gehen

☐ an den Wannsee fahren

☐ in die Bibliothek gehen

☐ klettern gehen

d Was machen die Freunde am Nachmittag? Welche Aktivitäten seht ihr? Schaut den Vlog bis 02:42. Notiert in der Gruppe. Welche Gruppe hat die meisten Aktivitäten richtig? Kontrolliert noch einmal mit dem Video.

e Schaut den Vlog bis zum Ende. Was ist der Plan für den nächsten Tag? Was ist das Problem? Vergleicht in der Klasse.

f Was macht ihr gerne? Schreibt Emma eine Antwort in die Kommentare.

Das kann ich jetzt

Über Freizeitaktivitäten sprechen

Meine Freundin und ich machen Videos. Das finde ich cool.
Ich gehe gerne schwimmen. Im Schwimmbad treffe ich meine Freunde.
Im Juli und August kann man gut ins Freibad gehen.
Ich muss viel für die Schule lernen. Oft habe ich nur am Wochenende Freizeit.

Freizeitaktivitäten planen

Was machst du am Samstag?	Keine Ahnung. / Ich weiß nicht.
Ich fahre zum See. Kommst du mit?	Keine Lust. / Keine Zeit.
Wollen wir eine Radtour machen?	Ich möchte lieber schwimmen gehen.
Holst du mich ab?	Ich hole dich um sechs ab.

Noten, Zeugnisse und Ferien vergleichen

In Deutschland haben die Schülerinnen und Schüler sechs Wochen Sommerferien.
Wir haben acht Wochen. In Deutschland ist die Note 6 sehr schlecht. Bei uns ist 6 sehr gut.

Außerdem kann ich ...

- einen Blogtext über die Ferien in Deutschland kommentieren und schreiben

Phonetik

- *W* sprechen

Grammatik kurz und bündig

Satzklammer

	Position 2		Ende
Ich	will	heute zum See	gehen.
Ich	kann	nicht	mitkommen.
Ich	muss	heute	lernen.

Modalverb *wollen*

ich	will
du	willst
er/es/sie/man	will
wir	wollen
ihr	wollt
sie/Sie	wollen

Verneinung mit *nicht* oder *kein*

ein → kein	Ich habe einen Helm / ein Fahrrad / eine Tasche.	
	Ich habe keinen Helm / kein Fahrrad / keine Tasche.	
	Ich habe kein Geld / keine Zeit / keine Lust.	
nicht	Ich schwimme gern.	Ich schwimme nicht gern.
	Ich kann gut tanzen.	Ich kann nicht gut tanzen.
	Das stimmt.	Das stimmt nicht.

Präpositionen (temporal): *im*

im + Monat: im Januar, im Februar, ...
im + Jahreszeit: im Winter, im Frühling, ...

Fakten und Kurioses

1 Kulinarische Landkarte

a Kennt ihr Speisen aus Deutschland, Österreich und der Schweiz? Welche? Sammelt!

b Schaut euch die Speisen auf der Karte an. Ordnet die Speisen zu.

☐ **Berliner**
Süßer Pfannkuchen, mit Marmelade gefüllt: Heißt auch Krapfen oder Kreppel.

☐ **Kieler Sprotten**
Fischspezialität aus Norddeutschland: geräucherte junge Heringe.

☐ **Lübecker Marzipan**
Süßigkeit aus Mandeln und Zucker.

☐ **Bremer**
Brötchen mit Fischfrikadelle, Röstzwiebeln und Ketchup.

☐ **Frankfurter Grüne Soße**
Soße mit grünen Kräutern: Man isst sie mit Kartoffeln und gekochten Eiern.

☐ **Wiener Schnitzel**
Ein ‚echtes' „Wiener Schnitzel" macht man mit Kalbsfleisch, es ist paniert.

☐ **Salzburger Nockerl**
Süße Mehlspeise: Man isst sie als warmes Dessert.

☐ **Hamburger**
Klassischer Burger: Der Name kommt aus den USA, nicht aus Hamburg.

☐ **Dresdner Christstollen**
Traditioneller Weihnachtskuchen mit Trockenfrüchten.

☐ **Berner Rösti**
Das Kartoffelgericht isst man als Hauptgericht oder Beilage.

☐ **Leipziger Allerlei**
Das Gemüsegericht gibt es als Hauptgericht oder Beilage.

☐ **Nürnberger Bratwurst**
Kleine Würstchen vom Grill, man isst sie oft mit Senf.

☐ **Schwarzwälder Kirschtorte**
Sahnekuchen mit Schokolade und Kirschen.

☐ **Aachener Printen**
Süßer, brauner Lebkuchen: Spezialität zu Weihnachten.

☐ **Münchner Weißwürste**
Man isst sie traditionell vormittags, gern mit süßem Senf.

☐ **Zür(i)cher Geschnetzeltes**
Kalbsfleisch mit Champignon-Sahne-Soße

c Besprecht die Fragen in der Klasse.

- Was hat euch überrascht? Was findet ihr interessant? Welche Fragen habt ihr?
- Was kennt ihr (nicht) und mögt ihr (nicht) gern? Was möchtet ihr mal probieren?

Kieler Sprotten? Ich weiß nicht, was das ist? Fisch!?

Rösti sind sehr lecker! Die gibt es auch bei uns im Restaurant.

2 Wann, wo und wie isst man das?

33 **a Hört die Gespräche und ordnet zu: Welches Foto passt zu welchem Gespräch?**

in der Bäckerei

auf der Geburtstagsfeier

zu Hause

im Restaurant

in der Stadt

b Hört noch einmal. Was essen die Leute? Welcher Satz passt zu welchem Gespräch?

Was?	Wo?	Aussage?
	in der Stadt	

A: Vielleicht haben die ja vegetarische Wurst: vegane Nürnberger oder Vega-Burger.

B: Keine Pasta? Keine Pizza vom Italiener? Nichts Asiatisches vom Imbiss?

C: Oh, sehr international, haben Sie auch Gerichte aus der Region?

D: Wir essen doch in Berlin keine Berliner!

E: Jetzt gibt es erstmal Kaffee und Kuchen, Omas herrliche Schwarzwälder Kirschtorte ...

Projekt

Was sind typische Gerichte in eurem Land und was esst ihr gern? Erstellt eine Landkarte mit Fotos und kurzen Beschreibungen: Was ist das? Woher kommt es? Wann und wo isst man das? Wie isst man das? Stellt die Karte vor.

3 Festessen

a Besprecht die Fragen in der Klasse.

- Was ist ein Festessen für euch? An welchen Feiertagen oder zu welchen Gelegenheiten gibt es ein Festessen?
- Was denkt ihr: Wann gibt es in Deutschland, Österreich und der Schweiz ein Festessen und was isst man?

34 **b Hört zu und ordnet zu: Welcher Satz passt zu welchem Foto? Hört dann noch einmal und sprecht die Gerichte nach.**

das Raclette

das Fondue chinoise (der Feuertopf)

das Fondue

der Karpfen

der Gänsebraten

der Kartoffelsalat mit Würstchen

c Seht die Fotos an und sprecht in der Klasse. Was kennt ihr (nicht)? Was mögt ihr (nicht)? Was denkt ihr: Wann isst man das?

Lecker? Ich weiß nicht ... Zum Geburtstag? Im Urlaub?

4 Frohes Fest!

a Seht die Fotos auf Seite 39 an. Was denkt ihr: Um welches Fest geht es?

Weihnachten ist in den deutschsprachigen Ländern ein wichtiges Fest: Viele Familien machen ein Festessen. Die ganze Familie isst zusammen, manchmal kommen auch Freunde.

Weihnachten feiert man am 24., 25. und 26. Dezember. Der 24. Dezember ist Heiligabend, der 25. heißt in Deutschland erster Weihnachtstag, in Österreich und der Schweiz Christtag oder Weihnachtstag. Der 26. Dezember ist der zweite Weihnachtstag, in Österreich und der Schweiz heißt er Stefani- oder Stephantag. Am 24. Dezember schließen die Geschäfte oft am Mittag. Der 25. und 26. Dezember sind Feiertage. Die Geschäfte sind dann geschlossen.

Hallo, ich bin Ella und wohne in Saarbrücken. Weihnachten sind wir alle zu Hause und haben viel Zeit. Am Heiligabend sind nur meine Schwester, mein Bruder, ich und Mama und Papa da. Wir essen Kartoffelsalat mit Würstchen. Ja, wirklich! Das Gericht ist sehr einfach, aber bei uns der Klassiker am Heiligabend.

Am 1. Weihnachtstag kommen auch Oma und Opa, und am 2. Weihnachtstag auch Nachbarn und Freunde. Und wir backen immer viele leckere Plätzchen. Fröhliche Weihnachten! Ella

Servus aus Velden am Wörthersee! Ich bin Matteo und am Christtag sind wir mit der ganzen Familie bei meinen Großeltern. Oma backt Kekse. Am liebsten mag ich die Vanillekipferln. Bei uns gibt es traditionell Gans oder Karpfen. Das schmeckt super und essen wir nur an Weihnachten! Und nach dem großen Weihnachtsessen geht's am Stefanitag mit Freunden in den Schnee. Weihnachten ist immer richtig schön bei uns ;-) Frohes Weihnachtsfest! Matteo

Hoi, ich bin Alina und wohne in Luzern. Weihnachten feiern wir mit der Familie und Freunden zusammen in einem großen Ferienhaus. Am Weihnachtstag machen wir Raclette oder Fondue. Wir schmelzen Käse – beim Raclette in Pfännchen, beim Fondue im Topf, dazu: Brot, Gemüse, Fleisch, Obst ... was wir wollen. Wir sitzen dann stundenlang zusammen am Tisch: Das ist total gemütlich. Dieses Jahr wollen wir Fondue chinoise machen, ein Fondue mit Gemüse, Fisch und Fleisch aus Ostasien, aber ohne Käse. Und als Dessert gibt es immer Panettone. Frohe Weihnachten, Joyeux Noël & Boun Natale! Alina

b **Lest die Texte. Welche Fotos aus 3 passen zu Ella, Matteo und Alina?**

c **Lest noch einmal und ergänzt, wenn möglich, die Tabelle.**

Wer?	Wann?	Was?	Mit wem?
	24.12.		

d **Formuliert Fragen: Was möchtet ihr noch wissen? Recherchiert im Internet. Berichtet in der Klasse.**

Wie macht man Kartoffelsalat?

Was isst man zum Gänsebraten?

Projekt **Eine Austauschklasse aus Österreich besucht euch. Stellt ein Festessen vor.**
Überlegt auch: Was kann für eure Austauschpartner ungewohnt oder unbekannt sein?

Kleine Pause

1 Ein Spiel

a Spielt zu zweit. Ihr „versteckt“ drei Dinge im Bild, die/der andere muss die Dinge „finden“.

Vorbereitung:

1. Jede/-r wählt drei Dinge aus.

2. Dann überlegt: Wo auf dem Bild wollt ihr die Dinge „verstecken“?

3. Schreibt drei Zettel. Auf jedem Zettel stehen zwei Informationen: Wo ist das Ding? Was ist das Ding? Zeigt die Zettel nicht eurer Partnerin / eurem Partner.

Ding 1 ist ein Ball. Der Ball liegt auf dem Schrank.

b Sprecht zu zweit. Findet alle Dinge. Wie viele Fragen braucht ihr?

Ist ein Ding auf dem Boden?

Nein, auf dem Boden ist kein Ding.

2 Redensarten mit Essen

a **Redensarten. Was passt zusammen? Ordnet zu.**

1. *Das ist eine harte Nuss.*
2. *Hast du Bohnen in den Ohren?*
3. *Hast du Tomaten auf den Augen?*

b **Welche Redensart passt? Arbeitet in der Gruppe. Lest die Texte und diskutiert.**

Mia und Patrick machen Matheaufgaben. Aufgabe 1, 2 und 4 sind schnell fertig. Aber für Aufgabe 3 haben sie nach einer Stunde noch keine Idee.

Patrick stöhnt: ______________________________ **!**

Luise und Tim sitzen mit ihren Eltern am Frühstückstisch. Die Butter steht bei Tim. Luise möchte die Butter und fragt Tim: „Gibst du mir bitte die Butter?" Tim isst sein Brötchen weiter und reagiert nicht.

Sie sagt: Tim, ______________________________ **?**

Farid und Tom haben jetzt Pause. Farid möchte auf den Pausenhof gehen, Tom kommt nicht. Er sucht in seiner Tasche. Farid sagt: Tom, was ist los?" Tom antwortet: „Ich finde meine Brotdose nicht." Farid geht zu Tom und

sagt: ______________________________ **?**

Deine Brotdose ist hier auf dem Stuhl.

c **Denkt euch eine Szene für die Redensart aus. Spielt die Szene in der Klasse. Die anderen raten die Redensart.**

d **Welche Redensarten sagt man in diesen Situationen in anderen Sprachen? Sammelt in der Klasse.**

11 Was trägst du gern?

1 Mein Körper

a Macht ihr gerne Sport? Was macht ihr? Tauscht euch aus.

35 **b** Hört zu und lest mit. Hört dann noch einmal und zeigt an eurem Körper.

c Ordnet die Körperteile in einer Tabelle.

das Gesicht	der Oberkörper	der Unterkörper
die Augen	*die Schulter*	*der Po*

d Ruft einen Körperteil und die anderen zeigen am eigenen Körper. Wer falsch zeigt, scheidet aus. Wechselt euch ab.

der Mund

die Hände

2 Mein Alien heißt Tropf

36 **a** Hört zu und kreuzt an: Welcher Alien passt?

☐ 

☐ 

☐ 

b Wie sehen die anderen Aliens aus?

Der Alien hat ... Arme und ...

c Malt einen Alien und beschreibt ihn. Die anderen Gruppen zeichnen mit. Welcher Alien sieht eurem Alien am ähnlichsten? Die Gruppe gewinnt.

3 Wie geht Yoga?

a Lest die Texte und ordnet sie den Bildern zu.

1. Der Po ist auf dem Boden. Die linke Hand liegt auf dem Boden. Der rechte Arm ist über dem Kopf.

2. Das rechte Knie und die linke Hand sind auf dem Boden. Das linke Bein ist oben. Die rechte Hand hält den linken Fuß.

3. Der Po ist auf dem Boden. Die Hände liegen auf den Knien. Der Rücken ist gerade. Die Augen sind geschlossen.

b Beschreibt eine Position. Die/Der andere macht sie.

4 Gesundheit, Entspannung oder Spaß? Wie bleibst du fit?

37 **a Hört den Dialog. Welche Aussagen hört ihr? Kreuzt an.**

- ☐ 1. Sport macht Spaß, ist gesund und entspannt.
- ☐ 2. Es gibt über 4000 Sportvereine in Österreich.
- ☐ 3. Ich habe keine Zeit für Sport.
- ☐ 4. Ich mache sehr gerne zu Hause Yoga und Freelethics.
- ☐ 5. Wir sind alle in der Tennis-AG in der Schule und in einem Fußballverein.
- ☐ 6. Ich habe keine Fitness-Apps auf meinem Smartphone, aber mein Schrittzähler läuft den ganzen Tag.
- ☐ 7. Ich mache keinen Sport, aber ich esse gesund. Das finde ich wichtig.

b Fragt und antwortet.

Machst du Sport?

Wie bleibst du fit?

Ja, ich habe eine Fitness-App.

Das lerne ich: Über den Körper und Gesundheit sprechen • über Kleidung und Mode sprechen • sich und andere beschreiben • Online-Kommunikation: Hashtags

5 Ich bin aktiv

a Lest den Blog. Welche Überschrift passt am besten? Diskutiert in der Gruppe. Schreibt eure eigene Überschrift.

„Flying Legs“ beim Stadtfest   Tanzen ist mein Leben   Tanzen ist auch Sport?!

primablogspot.beispiel.de

Hey Leute, ich bin Jenna, lebe in Bonn und ich liebe Tanzsport. Ich tanze jeden Tag – ein Leben ohne Tanz geht nicht. Hier seht ihr meine Tanzgruppe „Flying Legs“. Wir sind drei Mädchen und zwei Jungs und trainieren drei Tage in der Woche im Tanzverein. Am Wochenende fahren wir zu Wettbewerben – und oft gewinnen wir auch Preise. Wir tanzen HipHop. Die Musik ist cool und die Bewegungen sind lässig – das mag ich. Im Tanzverein gibt es auch andere Tänze. Ich mag nicht alle. Tango und Walzer finde ich total langweilig.
In der Schule bin ich auch in der Tanz-AG und wir tanzen manchmal im Sportunterricht oder machen Gymnastik. Das Training ist wichtig, ich brauche viel Kraft in den Armen und Beinen für das Tanzen. Die Jungs aus meiner Crew sind auch in Sport-AGs. Nächste Woche haben wir einen Auftritt beim Stadtfest. Findet ihr Tanzsport auch so cool wie ich?

b Lest den Blog noch einmal und kreuzt an, richtig oder falsch.

	Richtig	Falsch
1. Jenna tanzt sieben Tage in der Woche.		
2. Im Tanzverein kann man nur HipHop tanzen.		
3. Jenna tanzt mit der Crew auf dem Stadtfest.		

c Lest die Kommentare zum Blog von Jenna und ordnet die Hashtags zu.

Ich tanze auch sehr gerne. Ich bin aber nicht in einem Tanzverein. Am liebsten tanze ich mit Freunden auf einer Party.

Ja, klar! Wir haben auch eine Tanz-AG, aber ich tanze lieber allein zu Hause und lerne mit Videos aus dem Internet.

Nichts für mich! Musik hören und chillen – das mache ich gern. Chillen ist gut für meinen Körper und für mich. Das macht mich fit! Mehr Sport brauche ich nicht.

#EinfachChillen

#Partytänzer

#OnlineTanzen

d Was bedeutet Tanzen für dich? Schreibt einen Kommentar zum Blog. Tauscht die Texte aus und findet gemeinsame Hashtags. Tauscht eure Hashtags mit den anderen Gruppen.

6 Alles tut weh

a Lest die Sätze und ordnet sie den Bildern zu.

1

2
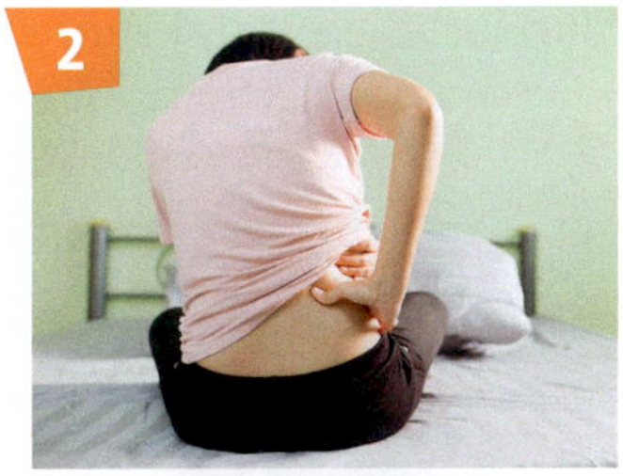
3

4
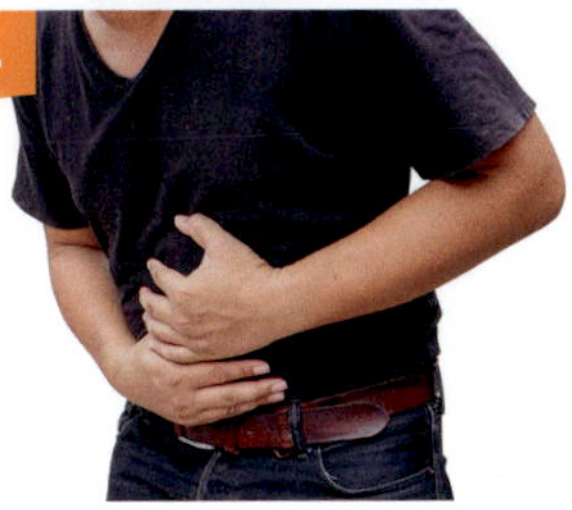

wehtun
er/sie/es tut weh
sie tun weh

- Mein Rücken tut weh. ☐
- Ich habe Bauchschmerzen. ☐
- Mein Kopf tut weh. ☐
- Meine Beine schmerzen. ☐
- Meine Beine tun weh. ☐
- Ich habe Rückenschmerzen. ☐

b Was kann man auch sagen? Schreibt die fehlenden Sätze in a.

c Phonetik *Z*. Hört zu und sprecht nach.

38 Wie geht's? Nicht so gut!
Mein Fuß schmerzt vom Tanzen.
Ich habe Zahnschmerzen vom Essen.
Und mein Po schmerzt vom Sitzen.

Tipp
Im Deutschen spricht man die Buchstaben *z*, *tz*, *ts* immer „ts".

d Was hat Tobi? Hört zu und kreuzt an.

39 Tobi hat …

A Kopfschmerzen.

B Fieber.

C Bauchschmerzen.

e Ich habe Schmerzen. Spielt „Lippen lesen". Bewegt nur die Lippen. Die anderen raten.

Was hast du?

Tut dein Kopf weh? Hast du Kopfschmerzen?

Oh je, gute Besserung!

Ich habe Kopfschmerzen.

Ja, mein Kopf tut weh.

7 Wie findest du das Outfit des Tages?

40 **a Hört zu und sprecht nach.**
Hört dann noch einmal und markiert die Wortakzente.

die Turnschuhe, die Jeans, das Hemd, das T-Shirt

der Hut, der Rock, die Bluse, die Jacke, die Hose, die Schuhe

die Shorts, die Sandalen, die Sonnenbrille, der Pullover

41 **b Hört den Dialog. Über welches Foto sprechen Mara und Basti?**

c Hört noch einmal: Was gefällt ihnen (nicht)?

d Wie findest du die Fotos? Sprecht über die Outfits.

Wie findest du den Pulli?

Den Pulli finde ich cool.

Den Pulli finde ich langweilig.

😃	😢
(echt) gut	(total) blöd
(super) toll	schrecklich
cool	uncool
schön	hässlich
(total) verrückt	(total) langweilig
modern	altmodisch

8 Traumkleiderschrank

42 **a Hört das Lied. Was ist das Problem? Sprecht in eurer Muttersprache. Kennt ihr das auch?**

b Zeichnet euren Traumkleiderschrank. Der/Die Partner/-in rät, was ihr alles habt und notiert die Vermutungen. Vergleicht. Pro richtige Antwort gibt es einen Punkt.

Tipp
Pluralendungen
nach -e fast immer -n

Ich glaube, du hast vier Jacken.

Richtig, ich habe vier Jacken.

In deinem Traumschrank ist ein Rock.

Nein, ich habe keinen Rock.

die Jacke – 4 Jacken, die Hose – 12 Hosen ...

9 Was ziehst du an?

43 **a Hört zu und bringt die Fotos in die richtige Reihenfolge. Hört noch einmal und kreuzt an.**

1.	Der Rock ist ...	☐ zu klein.	☐ zu kurz.	☐ zu verrückt.
2.	Die Jeans ist ...	☐ zu groß.	☐ zu alt.	☐ zu klein.
3.	Das zieht Lara heute an:	☐ einen Rock.	☐ eine Jeans.	☐ ein Kleid.

b Lest den Dialog und ergänzt die Sätze.

- ● Lara, heute ist doch die Party bei Peter. Was ziehst du an?
- ■ Hmmm – ich weiß es noch nicht. Hilfst du mir?
  Schau hier, wie findest du den Rock?
- ● Ich finde ihn zu kurz. Du hast doch die Jeans. Die ist cool.
- ■ Nein, sie ist zu groß. Die möchte ich nicht tragen.
- ● Wie findest du das Kleid?
- ■ Ich weiß nicht genau. Was trägst du denn?
- ● Ich ziehe ein Kleid an.
- ■ Okay, dann trage ich auch das Kleid.

tragen
ich trage
du trägst
er/sie/es trägt

Denk nach!
finden + Akkusativ
Wie findest du ...
... den Rock? Ich finde ______ cool.
... das Kleid? Ich finde *es* cool.
... die Hose? Ich finde ______ cool.
... die Schuhe? Ich finde *sie* cool.

c Wie findest du die Kleidung von Jule und Tim?

Tipp
Lernt Adjektive in Gegensätzen!
zu weit – zu eng
zu lang – zu kurz
zu groß – zu klein

Ich finde den Rock zu kurz. Wie findest du die Hose?

Ich finde sie ...

d Kinobesuch, Sommerfest oder Omas Geburtstag? Was ziehst du an?
Schreibt selbst einen Dialog wie in a und spielt ihn vor.

10 Auf der Party

a **Lest die Nachrichten und sucht die Personen auf dem Bild.**

Hey Mark, hier ein Bild von Peters Party. Ich finde ihn soooo toll. Er ist voll mein Typ.😍 Seine Haare sind braun und kurz. Er ist 1,70m groß. Seine Augen sind grün und er ist total nett. 😏 Auf dem Foto trägt er einen Pullover. Der ist gelb. Peter spielt gern Gitarre und er kann sehr lustig sein. Wie findest du ihn?
LG Lara

Hey Lara,
Peter sieht sehr nett aus ;) Aber wer ist das Mädchen neben Luka? Ihre Haare sind blond und lang. Sie trägt eine Hose und ein T-Shirt. Es ist gelb. Ich finde sie sehr sympathisch. 😏
LG Mark

b **Sprechen üben. Hört zu und sprecht nach.**

44

... 1.70 m groß.	... ungefähr 1.70 m groß.	Die Person ist ungefähr 1.70 m groß.
... kurz.	... braun und kurz.	Seine Haare sind braun und kurz.
... eine Hose.	... trägt sie eine Hose.	Auf dem Foto trägt sie eine Hose.
... sympathisch.	... die Person sympathisch.	Ich finde die Person sympathisch.

c **Beschreibt eine Person auf dem Bild. Die/Der andere rät. Wechselt die Rollen.**

Die Person ist ungefähr ... groß.
Ihre Haare sind ...
Ihre Augen sind ...
Sie trägt ...
Ich finde die Person ...
Die Person sieht ... aus.

d **Alle stehen auf, eine Person steht vorn und beschreibt jemanden aus der Klasse. Alle, die nicht zu der Beschreibung passen, setzen sich hin.**

11 Umfrage zum Thema „Mode“ in der Schülerzeitung

a Lest die Texte und ordnet die Überschriften zu.

Bequem und billig | Immer im Trend | Coole Schuhe | Mein Stil, meine Mode

Hanna, 13, Bonn

Mode ist sehr wichtig für mich. Ich lese viele Modemagazine. Ich möchte immer alle Trends kennen. Am liebsten gehen meine Schwester und ich shoppen. Wir tragen nur Markenklamotten. Die sind teuer, aber total cool.

Samira, 14, Hamburg

Für mich muss Kleidung bequem und sportlich sein. Am liebsten trage ich Jeans und T-Shirts. Ich kaufe meine Klamotten gerne in Second-Hand-Läden. Die sind billig und manchmal findet man coole Sachen. Markenklamotten finde ich zu teuer.

Milan, 13, Berlin

Ich kaufe nicht gerne Kleidung, das ist voll langweilig. Meine Mutter kauft für mich Hemden, T-Shirts und Jeans. Aber ich liebe Turnschuhe – ich bin ein richtiger Schuhfan. Meine Schuhe kaufe ich natürlich selbst. Coole Schuhe sind immer gut.

Sam, 14, Stuttgart

Ich finde Mode nicht so wichtig — ich habe meinen eigenen Stil. Meine Klamotten müssen bunt, verrückt und cool sein! Meine Eltern kaufen nichts für mich. Ich möchte meine Sachen selbst aussuchen.

b Lest die Texte noch einmal und kreuzt an, richtig oder falsch.

	Richtig	Falsch
1. Hannas Schwester kauft Markenklamotten für sie.	☐	☐
2. Samira kauft gerne Second-Hand-Kleidung.	☐	☐
3. Milan kauft nichts selbst.	☐	☐
4. Sams Eltern kaufen die Kleidung für ihn.	☐	☐

für + **Pronomen im Akkusativ**
mich, dich, ihn, es, sie, uns, euch, sie, Sie

c Verbindet die Fragen und macht Interviews. Berichtet in der Klasse.

1. Ist Mode	a. brauchst du für Kleidung?
2. Was trägst du	b. wichtig für dich?
3. Was kaufst du	c. am Wochenende?
4. Wer kauft	d. Kleidung für dich?
5. Wie viel Geld	e. am liebsten?

Ist Mode wichtig für dich?

Ja, Mode ist sehr wichtig für mich.

12 Der Tanzauftritt

a Warum tanzen Emma und Helena? Schaut den Vlog bis 01:31 und überprüft eure Vermutungen.

b Schaut den Vlog von 00:52 bis 01:07. Wie sind die Tanzschritte? Kreuzt an.

- [ ] Erst die Schultern und die Arme, dann die Hände. Jetzt die Hände und die Beine.
- [ ] Erst die Schultern und die Hände, dann die Beine. Jetzt die Beine und die Hände.
- [ ] Erst die Hände und die Beine, dann die Hände. Jetzt die Arme und die Schultern.

c Sprecht im Rhythmus und macht die Tanzschritte zusammen.

d Was sind eure Lieblingsbewegungen? Welche Tanzrichtung mögt ihr? Tauscht euch aus.

e Schaut euch die Bilder an und seht den Vlog bis zum Ende. Wie finden Emma und Helena die Sachen? Verbindet.

langweilig

super, echt gut

für Tanzauftritte nicht so toll

altmodisch, zu klein

trendy, ganz cool

f Was kann Helena anziehen? Habt ihr Ideen?

Ich finde ... ganz gut. Helena kann ... tragen. Was denkst du?

Nein, ich finde ...

Ja, das sieht bestimmt gut aus.

g Dreht ein eigenes Video. Was zieht ihr gerne an? Übt die Tanzschritte zusammen.

Das kann ich jetzt

Über den Körper, Sport und Gesundheit sprechen
Der Alien hat fünf Augen. Er hat ...
Der Po ist auf dem Boden. Die Hände liegen auf den Knien.
Mein Kopf tut weh. / Mein Kopf schmerzt vom Lesen.
Ich habe Rückenschmerzen.
Gute Besserung!

Über Kleidung und Mode sprechen
Wie findest du den Pullover / die Hose / das Kleid?
Ich finde ihn/sie/es cool/langweilig/verrückt/modern ...
Was ziehst du an? Was trägst du? Ich ziehe ein Kleid an. Ich trage eine Hose.
Die Jeans ist zu groß / zu kurz / zu lang ...
Ich finde die Jeans zu groß / zu kurz / zu altmodisch ...

Personen beschreiben
Peter ist 1,70 m groß.
Seine Haare sind blond und kurz.
Er trägt einen Pullover.
Er kann lustig sein.

Außerdem kann ich ...
- Texte über die Themen Tanzen und Mode verstehen
- ein Interview zum Thema Mode machen

Phonetik
- Aussprache von *z*, *tz*, *ts*

Grammatik kurz und bündig

Präposition *für* + Personalpronomen im Akkusativ

Nominativ	Akkusativ
ich	mich
du	dich
er	ihn
es	es
sie	sie
wir	uns
ihr	euch
sie/Sie	sie/Sie

Ist Mode wichtig für **dich?**

Ja, sie ist wichtig für **mich.**

tragen

ich	trage
du	trägst
er/es/sie/man	trägt
wir	tragen
ihr	tragt
sie/Sie	tragen

finden + Akkusativ
Wir findest du den Rock?
Ich finde ihn cool.

Pluralendungen
Nach -e fast immer -n

wehtun
Mein Bein tut weh.

12 Herzlichen Glückwunsch!

1 Geburtstag feiern

a In den deutschsprachigen Ländern ist der Geburtstag ein wichtiges Fest. Und bei euch? Welche Feste feiert ihr?

b Lest die Wörter und ordnet sie den Fotos zu. Manchmal gibt es mehrere Möglichkeiten.

der Geburtstagskuchen   die Geburtstagstorte   das Geburtstagsgeschenk

das Geburtstagsessen   die Geburtstagsfeier / die Geburtstagsparty   das Geburtstagskind

das Geburtstagslied   die Geburtstagsgäste

45 **c** Hört zu und ordnet zu: Zu welchen Fotos passen die Dialoge?

d Hört noch einmal. Welche Sprechblase passt zu welchem Foto? Notiert die Buchstaben.

A *Herzlichen Glückwunsch zum Geburtstag, liebe Oma!*

B *Zum Geburtstag viel Glück, zum Geburtstag viel Glück, zum Geburtstag, liebe Tina, zum Geburtstag viel Glück!*

C *Alles Gute! Bleib, wie du bist!*

D *Herzlichen Glückwunsch!*

E *Viel Glück und Spaß im nächsten Jahr!*

F *Alles Liebe!*

e Wie gratuliert man bei euch zum Geburtstag? Vergleicht auch mit anderen Sprachen und sammelt in der Klasse.

2 Geburtstag in Deutschland

a Lest den Blog und die Sätze. Kreuzt an, richtig oder falsch.

primablogspot.beispiel.de

Hi Leute,
jetzt bin ich schon drei Monate in Deutschland. Jeden Tag sehe und höre ich neue Dinge. Heute zum Thema Geburtstag: In Deutschland ist der Geburtstag sehr wichtig.
Zum Geburtstag bekommen meine Freunde Geschenke von den Eltern, Großeltern und anderen Verwandten. Manchmal sind die Geschenke Dinge, wie z. B. Kleidung, ein Fahrrad oder Bücher, manchmal ist es Geld. Außerdem backen oder kaufen die Eltern einen Geburtstagskuchen oder eine Geburtstagstorte mit Kerzen, 14 Jahre = 14 Kerzen. Meine Freunde machen immer eine Geburtstagsparty. Die Gäste bringen auch ein kleines Geschenk mit.
Und ganz wichtig!!! Man darf nicht vor dem Geburtstag gratulieren. Das bringt Unglück, sagen viele Leute. Man gratuliert am Geburtstag oder man kann auch noch später gratulieren. Dann sagt man „Herzlichen Glückwunsch nachträglich!“

	Richtig	Falsch
1. Eltern, Großeltern, Verwandte und Freunde geben Geschenke.	☐	☐
2. Zum Geburtstag schenken die Freunde Kerzen.	☐	☐
3. Nach dem Geburtstag gratulieren ist unhöflich.	☐	☐

b Wie feiert ihr euren Geburtstag? Wie feiert ihr ein anderes wichtiges Fest? Macht eine Mindmap.

Das lerne ich: Glückwünsche aussprechen • einen Blog über Geburtstage verstehen • Gäste einladen • einen Geburtstag beschreiben • über eine Party sprechen • eine Einladung verstehen und beantworten • emotional sprechen

3 Die Einladung

a Lest den Chat und die Einladungskarte. Wer lädt wen ein? Wann ist die Party?

Hi Jakob, nächste Woche habe ich Geburtstag. Ich darf eine Party machen. Kommst du?

😃 Wann?

Samstag.

Um wie viel Uhr?

Ich muss noch meine Eltern fragen.

Wer kommt?

Hannah, Marian, Farid, Asra, Kim und Luke.

Und Martha??

Ja, auch. 😉

😍 Danke, Nele!

Gern, ich schreibe auch noch Einladungskarten. Ich liebe das! 😊

👍

ÜBERNACHTUNGSPARTY
EINLADUNG

Hi Farid,
ich lade dich zu meiner Übernachtungsparty am 3.5. ein!
Spiele, Musik, Tanz und coole Leute.
Das Essen ist auch super: DIYB.
Das kennst du nicht? Es schmeckt sehr lecker!!
Die Party beginnt um 19 Uhr. Wir dürfen bis 22 Uhr feiern. Dann übernachten wir alle zusammen.
Bring einen Schlafsack mit!
Am Sonntagmorgen machen wir noch ein Frühstück zusammen!
Kommst du? Sag bis Donnerstag Bescheid!
Liebe Grüße
N€L€

b Ihr seid Farid. Ruft Nele an oder schreibt eine kurze Nachricht und antwortet.

Hi, Nele …

😊
Klar, ich komme gerne!
Super, ich mag Partys/Spiele …
Natürlich komme ich. Ich bringe … mit.
Hast du einen Wunsch für ein Geschenk?

😞
Tut mir leid. Ich möchte gerne kommen, aber …
Schade, ich kann nicht kommen.
Am Samstag …

4 Geschenke

46 **a Hört und lest den Dialog. Was wollen Asra und Kim Nele schenken?**

- ● Hi, Asra, gehst du auch zu Neles Party?
- ■ Hi, Kim, ja klar. Neles Partys sind cool.
- ● Was schenkst du Nele?
  Hast du schon ein Geschenk für sie?
- ■ Keine Ahnung.
- ● Wollen wir etwas zusammen kaufen?
  Vielleicht ein Poster von „Dynamit", das ist ihre Lieblingsband.
- ■ Sie hat doch schon alle Poster.
- ● Ja, das stimmt. Ich habe noch eine Idee: Wir kaufen Ohrringe.
- ■ Gute Idee. Aber was für Ohrringe können wir kaufen?
- ● Bei Meiers gibt es viele Ohrringe mit Blumen. Voll cool. Oder wir kaufen eine Kette. Es gibt dort Ketten mit verschiedenen Anhängern.
- ■ Super. Komm, wir gehen heute nach der Schule shoppen. Wir finden bestimmt etwas.

P **b Hört zu und kreuzt an: Was wollen Farid und Marian schenken?**

47

A einen Comic

B ein Kaninchen

C Geld

c Lest die Sätze. Fragt und antwortet wie im Beispiel.

Was für + Akkusativ
Was für einen Ring? – Einen Freundschaftsring.
Was für ein T-Shirt? – Ein T-Shirt mit Blumen.
Was für eine Kette? – Eine Kette mit einem Anhänger.
Was für Ohrringe? – Ohrringe mit Blumen.

Was für ein Geschenk wollen wir kaufen?

Vielleicht einen Ring.

Was für einen Ring?

(der) Comic – Comic von Superwoman

(die) Torte – Schokoladentorte

(das) Spiel – Monopoly

Stifte – Stifte zum Zeichnen

d Schreibt einen Dialog und präsentiert ihn in der Klasse.

Jan ist ein Austauschschüler aus Österreich an eurer Schule. Sein Gastvater hat Geburtstag. Was kann Jan schenken? Ihr sollt ihn beraten.

5 Neles Geburtstag

a Lest den Blog. Wie oft feiert Nele ihren Geburtstag?

primablogspot.beispiel.de

Mein Geburtstag

Am Geburtstag kommen meine Eltern und mein Bruder morgens an mein Bett. Deshalb stehe ich nicht auf. Ich mache dann immer die Augen zu. Ich „schlafe". Meine Eltern und mein Bruder singen „Hoch soll sie leben". Dann mache ich die Augen auf und bekomme viele gute Wünsche von allen.

Ich stehe schnell auf und laufe im Pyjama mit meinem Bruder zum Geschenketisch. Dort ist ein Geburtstagskuchen mit Kerzen und natürlich die Geschenke!!! In der Schule gratulieren natürlich alle meine Freundinnen und Freunde.

Nachmittags kommen Oma und Opa Mager, die Eltern von meiner Mutter. Sie wohnen auch in Kiel. Dann gibt es ein Geburtstagskaffeetrinken im Garten. Mein Bruder mag Torte sehr: Er isst nicht, er frisst! Und natürlich bekomme ich auch Geschenke von Oma und Opa. Sie schenken meistens Geld. Dieses Jahr möchte ich ein Mountainbike kaufen.

Nächsten Samstag lade ich wie immer meine Freunde ein. Wir machen eine Übernachtungsparty! Wir wollen zusammen Spaß haben. Mein Bruder ist bei Tom, das ist sein Freund. Und meine Eltern sind auch nicht da. Sie gehen ins Theater. Deshalb machen wir das Essen selbst: Burger. Es gibt viele Dinge und jeder macht seinen Burger selbst, DIYB = Do It Yourself Burger.

Ja, und dann machen wir Musik. Wir singen Karaoke und tanzen. Um 22 Uhr kommen meine Eltern zurück. Dann gehen wir „schlafen". Am nächsten Morgen sind wir müde. Wir frühstücken noch zusammen, dann fahren alle nach Hause. Und wie feiert ihr euren Geburtstag?

LG eure Nele

48 **b Hört sechs Szenen. Welche Informationen passen? Unterstreicht im Blog und sprecht in der Klasse.**

Das ist am Morgen. Nele steht nicht auf. Sie macht die Augen zu. Die Eltern und der Bruder kommen und singen das Geburtstagslied.

c Essen, Aktivitäten, Geschenke, Fest, Spiele ...
Schreibt drei Fragen zu dem Blog. Fragt und antwortet in der Klasse.

6 Ich habe Geburtstag. Deshalb ...

a Was passt zusammen? Ordnet zu.

1. Meine Eltern singen am Bett ein Geburtstagslied.
2. Ich möchte meine Geschenke sehen.
3. Ich möchte ein Mountainbike kaufen.
4. Meine Eltern sind nicht da.
5. Wir schlafen in der Nacht nicht so viel.

☐ *Ich laufe deshalb schnell zum Geschenketisch.*

☐ *Deshalb schenken Oma und Opa Geld.*

☐ *Wir sind deshalb beim Frühstück müde.*

☐ *Deshalb machen wir selbst Burger.*

☐ *Deshalb stehe ich nicht auf.*

b Unterstreicht die Verben in den Sätzen mit „deshalb“ in a und ergänzt die Sätze.

Denk nach!

Ich möchte ein Fahrrad kaufen. Deshalb ________ Oma und Opa Geld.

Ich möchte ein Fahrrad kaufen. Oma und Opa ________ deshalb Geld.

49 **c Hört die Sätze aus a. Welche Wörter sind in den „deshalb“-Sätzen betont? Markiert und sprecht die „deshalb“-Sätze laut mit der Betonung.**

d Was wünscht ihr euch? Schreibt drei Satzpaare mit *deshalb*.

Ich fotografiere gerne. Deshalb möchte ich ein Smartphone mit einer super Kamera.

Tipp
Lernt Beispielsätze auswendig.

e Sprecht zu zweit wie im Beispiel. Tauscht die Hefte und antwortet, ohne im Heft zu lesen.

Du fotografierst gerne.

Ja, das stimmt. Deshalb möchte ich ein Smartphone mit einer super Kamera.

7 Der Super-Festtag

Schreibt zu zweit über euren Super-Geburtstag. Was macht ihr, wer kommt, welche Geschenke bekommt ihr?

Ich muss nicht zur Schule gehen. Deshalb schlafe ich bis 12 Uhr. Dann stehe ich auf und ...

8 Wir hatten gestern viel Spaß

50 **a Hört den Dialog. Wo sind Luke und Kim jetzt vielleicht? Welcher Tag ist heute?**

b Lest den Dialog. Warum war Luke nicht auf der Party? Sprecht in der Klasse.

- ● Hey, Luke. Wo warst du denn am Samstag?
- ■ Hey Kim, ich war zu Hause. Warum?
- ● Vorgestern war die Party von Nele. Sie hatte echt super Essen und die Musik war voll gut.
- ■ Oh, ja ... äh – Ich hatte keine Zeit.
- ● Du hattest keine Zeit? Ach, komm ...
- ■ Mm, ja – eigentlich war es so: Ich hatte total Stress. Ich hatte in der Klassenarbeit eine 5. Meine Eltern waren richtig sauer. Wie war die Party?
- ● Einfach toll. Wir hatten echt viel Spaß. Es war richtig gut.
- ■ Waren Hannah und Marian da?
- ● Ja, die beiden waren am Anfang richtig gut drauf und dann hatten sie auf einmal Streit.
- ■ Warum?
- ● Keine Ahnung.
- ■ Wart ihr allein oder waren Neles Eltern auch da?
- ● Nein, ihre Eltern hatten Theaterkarten und waren bis 10 Uhr abends weg.

c Lest den Dialog und ergänzt die Verben.

Denk nach!

Präteritum von *sein* und *haben*

	sein	haben		sein	haben
ich	___	___	wir	waren	___
du	___	___	ihr	___	hattet
er/es/sie/man	___	hatte	sie/Sie	___	___

d Was sagt Nele über ihren Geburtstag? Sprecht in der Klasse. Benutzt das Präteritum.

Nele sagt:
mein Geburtstag: super
ich: viele Gäste
das Essen: gut

wir: gute Musik
die Spiele: cool
wir: in meinem Zimmer

wir: viel Spaß
meine Eltern: nicht zu Hause

e Vergleicht mit eurem Traum-Geburtstag.

Neles Geburtstag war super.
Mein Traum-Geburtstag war auch super.

9 Was war gestern, vorgestern, letzte Woche …?

Würfelt zweimal, bildet eine Frage im Präteritum. Der/Die Partner/-in antwortet.

⚀ gestern	⚀ in der Schule sein
⚁ vorgestern	⚁ krank sein
⚂ letzte Woche	⚂ Ferien haben
⚃ letzten Monat	⚃ Training haben
⚄ letztes Jahr	⚄ Grippe haben
⚅ letzten Juni	⚅ im Kino sein

⚀ ⚅ Warst du gestern im Kino??

Nein, ich war zu Hause.

letztes Jahr ← letzten Monat ← letzte Woche ← vorgestern ← gestern ← heute

10 Gestern ist schon lange her

51 **Hört das Lied. Wo passen die Fotos?**

Gestern ist schon lange her.
Gestern war gestern –
ist heute nicht mehr.

☐ Gestern war ich noch froh.
Gestern hatte ich Spaß.
☐ Heute bin ich traurig.
Gestern – wann war das?
Gestern warst du bei mir.

☐ Gestern warst du mein Freund.
☐ Dann hatten wir Streit.
Ich bin so allein.
Und du bist so weit.

Gestern ist schon lange her.
Gestern war gestern –
ich vermiss dich so sehr.

11 Über eine Party sprechen

52 **a Sprechen üben: emotional sprechen. Hört zu und sprecht nach: traurig 😞, fröhlich 😊, wütend 😡.**

Nele hatte super Essen und tolle Musik!
Die beiden waren richtig gut drauf!
Ich hatte total Stress!
Wir hatten echt viel Spaß!

b Plant einen Dialog zu eurer Super-Party, macht Notizen und spielt ihn in der Klasse vor.

12 Herzlichen Glückwunsch!

12 Die Überraschungsparty

a Was bedeutet „Überraschung“? Übersetzt das Wort in eure Sprache.
Was macht man bei einer Überraschungsparty? Sammelt Ideen.

b Schaut den Vlog bis 01:35 und beantwortet die Fragen.

1. Wer hat Geburtstag?
2. Wie alt wird das Geburtstagskind?
3. Was planen Emma, Ben und Max?
4. Was schenken sie?
5. Wo wollen sie feiern?

c Wer macht was? Schaut noch einmal und ordnet zu.

d Schaut den Vlog bis 02:01. Was ist das Problem?
Was können die Kinder machen?
Sprecht in eurer Sprache und sammelt Ideen.

e Schaut den Vlog bis 03:13. Wie lösen sie das Problem?

f Was haben sie vorbereitet? Was seht ihr auf dem Foto?

g Schaut den Vlog bis zum Ende. Was sagen die Geburtstagsgäste?

h Wo/Wie feiert ihr euren nächsten Geburtstag?
Schreibt Emma eine Antwort in die Kommentare.

Das kann ich jetzt

Glückwünsche aussprechen
Herzlichen Glückwunsch! Alles Gute zum Geburtstag. Bleib, wie du bist!

Gäste einladen
Ich mache am Samstag eine Party. Kommst du?
Sie beginnt um 15 Uhr und endet um 21 Uhr.

Einen Geburtstag beschreiben
Am Morgen kommen meine Eltern ans Bett und singen ein Geburtstagslied.
Am Nachmittag essen wir Kuchen. Am Wochenende lade ich meine Freunde ein.

Über eine Party sprechen/erzählen
Gestern war die Party von Nele. Sie hatte super Essen.
Hannah und Marian waren richtig gut drauf. Wir hatten viel Spaß.

Über die Vergangenheit sprechen
Wo warst du (denn) gestern / am Mittwoch? Hattest du Training?
Ich war im Kino. / Ich hatte keine Zeit.
Hattest du letzten Montag Training? Ja. / Nein, ich war krank / hatte Grippe.

Außerdem kann ich ...
- einen Blog über Geburtstage verstehen
- einen Liedtext verstehen

Phonetik
- Betonung in Sätzen mit *deshalb*
- emotional sprechen

Grammatik kurz und bündig

Satzverbindungen: *deshalb*

		Position 2			Ende
Ich muss nicht lernen.	**Deshalb**	kann	ich	Computer	spielen.
Ich muss nicht lernen.	Ich	kann	**deshalb**	Computer	spielen.

Das Subjekt steht entweder direkt vor oder nach dem konjugierten Verb.

Präteritum von *sein* und *haben*

ich	war	hatte
du	warst	hattest
er/es/sie/man	war	hatte
wir	waren	hatten
ihr	wart	hattet
sie/Sie	waren	hatten

Zeitangaben
vorgestern – gestern – **heute** – morgen ...
letzte Woche – in der letzten Woche
letzten Monat – im letzten Monat
letztes Jahr – im letzten Jahr

Heute habe ich Training.
Letzte Woche war ich krank.
Letzten Monat hatten wir Ferien.

13 Wie komme ich zum Kino?

Idar-Oberstein – die Edelsteinstadt

Grainau – das Zugspitzdorf

Frankfurt am Main – die Bankenstadt

Hamburg – die Hafenstadt

1 Ein Blick in meine Stadt

a Hört zu und sucht die passenden Bilder. Welche Orte findet ihr schön?

53

Ich finde Frankfurt schön. Und du?

Ich finde ... schön.

b Wählt zwei Fotos. Was seht ihr? Die/Der andere zeigt die Wörter.

Was siehst du auf Foto 4?

Ich sehe einen Fluss, ...

c Was gibt es auch/nicht in eurer Stadt? Was gibt es noch? Tauscht euch aus.

In Frankfurt gibt es ...

In meiner Stadt gibt es keinen ...

***es gibt* + Akkusativ**
In Frankfurt gibt es einen Fluss.
Es gibt keine Berge in Frankfurt.

54 **d** **Hört zu und schaut euch die Bilder an. Welche Orte aus a passen? Welcher Ort fehlt?**

die Zugspitze

der Hafen

Johann Wolfgang von Goethe

e **Lest die Sätze, hört noch einmal und kreuzt an, richtig oder falsch.**

	Richtig	Falsch
1. Frankfurt ist der Geburtsort von Johann Wolfgang von Goethe.	☐	☐
2. Grainau ist eine Großstadt an der Zugspitze.	☐	☐
3. Der Hafen in Hamburg ist international.	☐	☐

f **Hört noch einmal. Welche Informationen hört ihr? Macht Notizen und tauscht euch aus.**

g **Lest den Text für die Radiosendung vor.**
55 **Ergänzt die fehlenden Wörter und hört zur Kontrolle.**

Ich bin Louise und wohne in Idar-Oberstein. Das ist eine berühmte Edelsteinstadt. Um die Stadt gibt es die Edelstein . Sie ist 70 km lang. Hier gibt es viele Edelsteine. Es gibt auch einen Flugplatz. Hier kann man Fliegen lernen. Das ist total cool. In Idar-Oberstein gibt es nicht viele , aber , viele , einen  und viele . Und natürlich die Felsen . Das ist eine Besonderheit.

h **Phonetik: Ich-Laut und Ach-Laut**
56 **Ich-Laut. Sprecht ein „jjjjj" und flüstert ohne Stimme. Hört zu und sprecht nach.**
jjjjjjj – chchchch – ich – nicht – manchmal – die Kirche

Ach-Laut. Sprecht ein „k" und öffnet. Hört zu und sprecht nach.
k – chchchchch – machen – auch – das Hochhaus – suchen

> **Tipp**
> Nach *a*, *o*, *u* und *au* spricht man den Ach-Laut: *machen*, *hoch*, *suchen*, *auch*

i **Schreibt einen Text zu eurer Stadt oder einer Stadt in eurem Land für die Radiosendung und lest ihn vor. Die anderen raten die Stadt.**

Da gibt es ... und ... Das ist eine Besonderheit.

Ist das ...?

Das lerne ich: Über meine Stadt sprechen • meinen Schulweg beschreiben • Wegbeschreibungen formulieren und verstehen • über die Vergangenheit sprechen • mit Musik lernen • einen Tagebucheintrag schreiben

2 Mein Schulweg

a Das gibt es auf den Straßen und Bahnhöfen in Frankfurt. Hört zu und lest mit. Was gibt es auch bei euch? Wie heißt das in eurer Sprache? Was gibt es noch?

57

b Lest die Texte und ordnet die Fotos zu.

☐ Ich wohne in Frankfurt (am Main) und mein Schulweg ist sehr lang. Ich fahre zuerst fünf Stationen mit der Straßenbahn. Das dauert sieben Minuten. Dann treffe ich meine Freundin Nina und wir gehen zusammen zwei Minuten zur Bushaltestelle. Wir müssen noch 17 Minuten mit dem Bus fahren. Im Bus machen wir manchmal Hausaufgaben oder üben für einen Test. Oft spielen wir aber etwas auf den Handys.

☐ Ich wohne in Grainau und meine Schule ist nicht in meinem Dorf. Ich fahre allein mit dem Fahrrad zur Schule – das ist total langweilig. Ich brauche ungefähr zehn Minuten. Im Winter fährt mich mein Papa mit dem Auto zur Schule. Mit dem Auto brauchen wir 15 Minuten. Wir fahren um 7:10 Uhr ab und kommen um 7:25 Uhr an.

☐ Ich wohne in Hamburg, aber ich habe Glück. Mein Schulweg ist kurz. Keine Fahrkarten, keine U-Bahn, kein Zug. Ich gehe allein vier Minuten zu Fuß und treffe meine Freunde am Bahnhof. Wir laufen dann zusammen acht Minuten zur Schule. Wir quatschen, hören Musik und spielen manchmal noch mit dem Handy. Das ist cool.

**c Lest die Texte noch einmal.
Verbindet dann die Verkehrsmittel und Zeiten und formuliert Sätze.**

Asaf	mit dem Bus	12 Minuten
Kia	mit dem Auto	26 Minuten
Mark	mit der Straßenbahn	10 Minuten
	mit dem Fahrrad	15 Minuten
	zu Fuß	

Kia fährt mit ...

Sie braucht ... Minuten.

**d Was ist falsch? Lest die Texte noch einmal und korrigiert die falschen Sätze.
Ergänzt dann die Artikel.**

1. Kia fährt allein zur Schule.
2. Sie macht im Bus immer Hausaufgaben.
3. Mark findet den Schulweg langweilig.
4. Er fährt immer mit dem Fahrrad.
5. Asaf fährt mit der U-Bahn.
6. Er spielt Gameboy auf dem Schulweg.

Denk nach!

mit + Dativ

mit dem Bus fahren

mit d_____ Fahrrad fahren

mit d_____ Straßenbahn fahren

! zu Fuß gehen

3 Dein Schulweg

**a Wie kommt ihr zur Schule? Wie lange braucht ihr?
Macht eine Klassenstatistik.
Welche Verkehrsmittel kommen am meisten vor?**

Ich fahre mit ... und brauche ... Minuten. Und du?

Ich gehe zu Fuß. Ich brauche ...

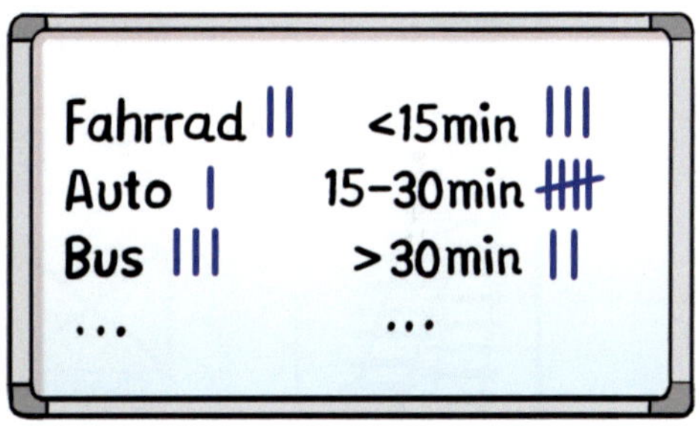

b Schreibt einen kurzen Text zu eurem Schulweg wie in 2b. Geht in der Klasse herum und lest euch gegenseitig eure Texte vor. Was ist gleich? Notiert den Namen und die Gemeinsamkeit. Wer findet die meisten Gemeinsamkeiten?

Ich fahre zuerst mit ... / dann mit ... / zum Schluss ... / Ich gehe zu Fuß.

Ich fahre allein / mit Freunden ...

*Ich brauche ... Minuten (bis) zur Schule.
Im Sommer/Winter fahre ich mit ...*

Mein Papa / Meine Mama bringt mich zur Schule.

Ich spiele/lerne/quatsche/höre Musik/... auf dem Weg.

Ich finde meinen Schulweg ideal/langweilig/interessant/kurz/lang ...

13 Wie komme ich zum Kino?

4 Besuch in der Stadt

58 **a Hört zu und lest mit. Wohin möchte Mark?**

die 1. (erste) Straße
die 2. (zweite) Straße
die 3. (dritte) Straße

- Wie komme ich ...?
- Wir sind hier. Am Bahnhof. Du gehst hier geradeaus durch den Park und dann die zweite Straße rechts. Dann die dritte Straße links. An der Ecke ist ein Hotel. Auf der linken Seite neben dem Hotel ist das Kino.
- Also, hier geradeaus, dann die zweite Straße rechts und dann die dritte links?

b Schaut euch den Stadtplan an. Wie heißen diese Orte in eurer Sprache? Ratet. Überprüft gemeinsam mit einem Wörterbuch.

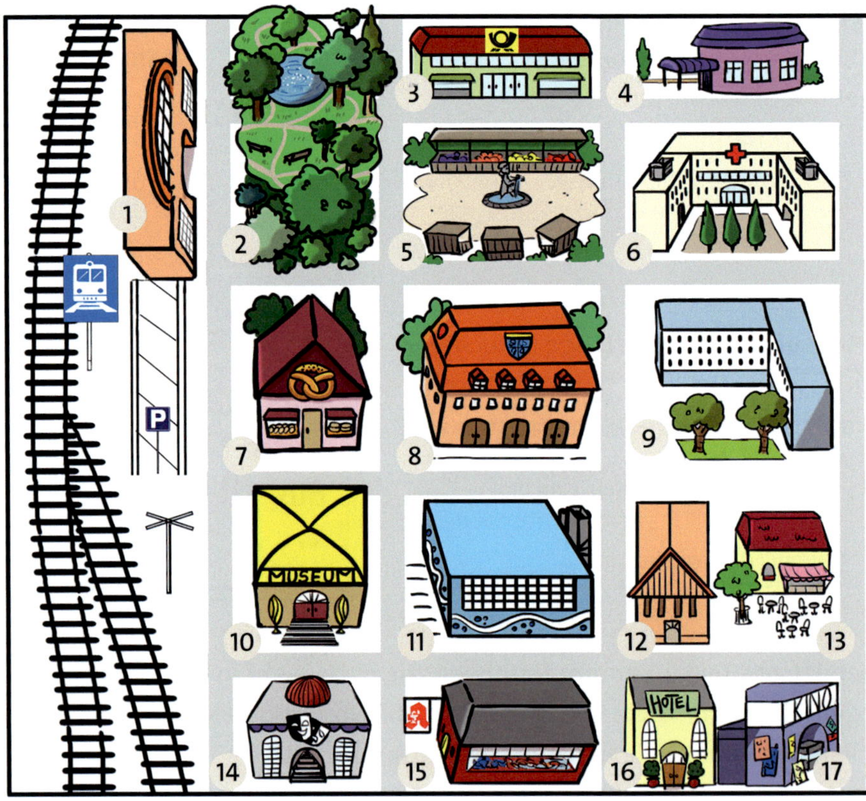

1 der Bahnhof
2 der Park
3 die Post
4 das Restaurant
5 der Marktplatz
6 das Krankenhaus
7 der Bäcker
8 das Rathaus
9 die Schule
10 das Museum
11 die Schwimmhalle
12 die Bibliothek
13 das Eiscafé
14 das Theater
15 die Apotheke
16 das Hotel
17 das Kino
18 der Spielplatz

59 **c Hört zu. Wo sind die Leute? Wohin wollen sie? Zeigt den Weg.**

d Sprechen üben: wichtige Wörter betonen

60

Kino?	zum Kino?	Wie komme ich zum Kino?
geradeaus.	die Straße geradeaus.	Du gehst die Straße geradeaus.
rechts.	die erste Straße rechts.	Geh die erste Straße rechts.
links.	die zweite Straße links.	Dann gehst du die zweite Straße links.
das Kino.	ist das Kino.	Auf der linken Seite ist das Kino.

e **Wählt einen Startpunkt und spielt Dialoge mit dem Stadtplan.**

Wie komme ich zum Eiscafé?

Das ist einfach. Wir sind hier an der / am ... Geh hier die 1. Straße rechts, dann links und zum Schluss geradeaus. Da ist das Eiscafé.

5 Wo ist ...?

61 a **Hört zu und beantwortet die Fragen.**

1. Was sucht Mark? 2. Wie kommt er dahin? 3. Was ist der „Italiener" hier?

b **Lest nun den Text und ergänzt die Präpositionen mit Artikel.**

- Hallo, Adrian.
- Hallo, Mark.
- Du, ich komme gerade **aus** dem Kino und habe so einen Hunger. Wollen wir uns treffen und essen gehen?
- Klar, gute Idee. **Beim** Italiener am Marktplatz ist die Pizza lecker. Magst du Pizza?
- Ja, klar! Wie komme ich **zum** Marktplatz?
- Das ist einfach. In der Nähe **vom** Kino ist der U-Bahnhof. Du fährst **mit** der U-Bahn Linie 9 Richtung Stadtmitte. **Nach** der dritten Station musst du am „Theaterplatz" aussteigen.
- Okay, super. Und dann?
- Geh dann die Treppen hoch. Da siehst du ein Theater. Geh am Theater die 1. Straße links, da ist eine Apotheke und **neben** der Apotheke ist der Italiener.
- Cool, vielen Dank. Wann kommst du?
- Ich fahre **mit** dem Fahrrad. Ich bin in 15 Minuten da. Bis gleich, Mark.
- Bis gleich, Adrian.

Denk nach! Präpositionen + Artikel im Dativ

zu dem = zum	zu der = zur
bei dem = ______	bei der
von dem = ______	von der

62 c **Präpositionen mit dem Dativ. Hört zu und singt mit.**
aus, bei, mit, nach – von und zu, immer mit dem Dativ – immer mit dem Dativ – dem, der, den – dem, der, den

Tipp
Mit Rhythmus und Musik lernt man einfacher. Sing eine bekannte Melodie.

d **Hört den Dialog aus b noch einmal und schreibt einen eigenen Dialog mit anderen Orten**
61 **aus 4b. Spielt die Szenen.**

zum Theater *zur Apotheke* *beim Bäcker* *bei der Post*

in der Nähe vom Supermarkt *in der Nähe von der Bibliothek*

e **Eine Gruppe beschreibt einen Weg von eurer Schule zu einem Ort in eurer Stadt. Die anderen Gruppen raten den Ort. Ihr könnt eure Handys oder Stadtpläne nutzen.**

6 Ein Tag in der Altstadt

a Lest das Tagebuch von Clara. Bringt die Fotos in die richtige Reihenfolge.

*Liebes Tagebuch,
gestern war toll: gechillt, gegessen, geshoppt und ganz viel Spaß. Was für ein Tag!
Lisa hatte gestern Geburtstag und wir waren in der Stadt. Dort haben wir Tim und seinen Freund Jonas getroffen. Die beiden sind total cool. Wir haben zusammen viele Selfies gemacht und gepostet. Ganz viele Likes. Lisa hat eine Eisdiele gesehen, da haben wir alle ein Eis gegessen. Ich hatte Zitrone und Schokolade. Hmm, das war so lecker. Dann haben wir einfach gechillt. Tim hat aber nur sein Buch gelesen. Das war so blöd. Er kann doch auch zu Hause lesen, oder ..?
Später haben Lisa und ich eingekauft. Die Jungs hatten keine Lust. Lisa hat ein T-Shirt und Kopfhörer und ich habe ein Kleid gekauft! Wir haben auch ein Geschenk für Tim gefunden. Er hat ja auch bald Geburtstag. Hoffentlich hat er das Buch noch nicht gelesen. Und wo waren die Jungs?*

b Wie geht die Geschichte weiter? Was ist euer Favorit? Tauscht euch aus.

Tim hatte eine Geburtstagsüberraschung für Lisa: Er hat Blumen für sie gekauft. Sie war sehr glücklich. Ach, er ist so süß!

Jonas hatte Hunger und hat einen Burger gegessen. Er hat den Weg zurück nicht gefunden und hat eine Frau gefragt.

Die Jungs waren im Sportgeschäft. Tim hat eine Sonnenbrille und ein Basecap gekauft und Jonas einen Fußball.

c Wiederholung Präteritum: Sucht alle Sätze mit *war* und *hatte* im Text und lest sie vor.

d Perfekt: Diese Formen heißen Partizipien. Wie heißen die Infinitive? Schreibt sie in euer Heft.

essen, gegessen

getroffen · gegessen
gekauft · gesehen
gemacht · gegeben
gechillt · gelesen
gespielt · verloren
gefunden · eingekauft

e Unterstreicht die Sätze mit Partizipien in Claras Tagebuch und ergänzt die Sätze. Wo steht *haben*? Wo steht das Partizip? Macht eine Tabelle mit Perfektsätzen aus dem Tagebuch.

Denk nach!

Gegenwart: Präsens	Vergangenheit: Perfekt
Heute kaufe ich ein T-Shirt.	Gestern habe ich ein T-Shirt gekauft.
Heute esse ich zu Hause Eis.	Gestern ____ wir Eis __________.
Heute chille ich zu Hause.	Gestern ____ wir in der Stadt ____.

Die meisten Verben bilden das Perfekt mit *haben* + Partizip.

Position 2		Ende: Partizip
Wir haben	*Tim und Jonas*	*getroffen.*

f Lest und ordnet die Partizipien zu. Wem gehört das Tagebuch?

☐ gespielt ☐ gekauft ☐ gelesen ☐ getroffen

☐ gemacht ☐ gekauft ☐ gechillt ☐ gegessen

Gestern habe ich meine Freunde in der Stadt [1]. Wir haben viel zusammen [2]. Wir haben auch Eis [3]. Das war lecker. Ich habe ein Buch [4]. Ich habe fast die Hälfte geschafft. Das war toll. Dann haben die Mädchen Klamotten [5]. Jonas und ich haben Computerspiele [6] und einfach [7]. Ich habe dann Blumen für Lisa [8]. Sie hatte Geburtstag und sie liebt Blumen. Sie war sehr glücklich. Morgen rufe ich sie an.

7 Dein Wochenende

Sprecht zu zweit oder schreibt einen Tagebucheintrag. Verwendet die Partizipien aus d.

Was hast du am Samstag gemacht? Wen hast du getroffen? Was hast du am Wochenende gegessen? Wie lange hast du Hausaufgaben gemacht? Hast du am Wochenende einen Film gesehen?

8 Wie komme ich zum Schlachtensee?

a Emma und Marie sind in Berlin. Berlin ist die Hauptstadt von Deutschland. Was wisst ihr über Berlin?

Ich glaube, in Berlin gibt es viele Hochhäuser und ... Was denkst du?

b Schaut den Vlog bis 00:51 und sucht auf der Karte, wohin Emma und Marie heute gehen möchten.

c Was möchten sie machen? Lest die Aktivitäten, schaut dann den Vlog bis 01:00 und kreuzt an.

- ☐ Frisbee spielen
- ☐ schwimmen
- ☐ ein Picknick machen
- ☐ Boot fahren
- ☐ Eis essen
- ☐ Stand up paddeling

d Schaut den Vlog bis 02:22. Wo war das Mädchen auf Klassenfahrt schon? Kreuzt an.

☐ Alexanderplatz

☐ Fernsehturm

☐ Museumsinsel

☐ East Side Gallery

☐ Tempelhofer Feld

☐ Minigolf in Kreuzberg

☐ Brandenburger Tor

☐ Reichstagsgebäude

☐ Berliner Fluss Spree

e Schaut ab 02:20. Wohin möchte das Mädchen? Kreuzt auf der Karte in b an. Was ist das Problem? Was machen Emma und Marie?

f Sucht Infos zu jeweils einem Ort in Berlin und präsentiert in der Klasse. Oder macht einen Vlog über eure Stadt bzw. eine Stadt eurer Wahl.
Was gibt es da? Was kann man da machen? Was macht ihr da mit Freunden?

Das kann ich jetzt

Über meine Stadt sprechen
Ich wohne in Frankfurt.
Es gibt hier viele Hochhäuser.
Hier gibt es aber keine Berge.

Meinen Schulweg beschreiben
Mein Schulweg ist kurz. Ich brauche zehn Minuten.
Zuerst fahre ich mit der Straßenbahn.
Dann gehe ich zur Bushaltestelle.
Im Bus spiele ich manchmal auf dem Handy.

Wegbeschreibungen formulieren und verstehen
Entschuldigung, wie komme ich zum Kino?
Geh hier die 1. Straße rechts, dann links und zum Schluss geradeaus.
Da ist das Kino.

Über die Vergangenheit sprechen
Gestern waren wir in der Stadt. Wir hatten viel Spaß.
Wir haben gechillt, gegessen, geshoppt ...

Außerdem kann ich ...
- eine Wegbeschreibung verstehen
- einen Tagebucheintrag schreiben bzw. über einen Tagesablauf sprechen
- eine Statistik unserer Klasse machen

Phonetik
- Ich-Laut und Ach-Laut
- wichtige Wörter betonen

Grammatik kurz und bündig

Präpositionen mit Dativ
Ich komme **aus dem** Kino/Kaufhaus.
Beim Italiener, **neben der** Apotheke gibt es Pizza.
Das ist in der Nähe **vom** Theater.
Wie komme ich **zum** Italiener?
Mit der U-Bahn. **Nach der** 3. Station musst du aussteigen.

zu + dem = zum	
zu+ der = zur	
bei + dem = beim	bei der
von + dem= vom	von der

***es gibt* + Akkusativ**
Bei uns gibt es einen/keinen Flugplatz.

Perfekt Satzstellung

	Position 2 *haben* (konjugiert)		Ende Partizip
Tim	**hat**	wieder nur sein Buch	**gelesen.**
Lisa	**hat**	Klamotten und Kopfhörer	**gekauft.**

Tipp
Du findest die Partizipien in der Wortliste!
Lerne die Verben immer mit dem Partizip:
lesen – habe gelesen

14 Schöne Ferien!

1 Tom

2 Júlia

3 Lea

4 Dennis

5 Mia

6 Amita

1 Ferien machen

a Schaut die Fotos an. Wo sind die Personen? Wo übernachten sie vielleicht? Ordnet zu.

am Strand — im Wald — in einer Stadt — auf dem Campingplatz — in einem Hotel

in den Bergen — im Schwimmbad — am Meer — in einer Ferienwohnung

b **Lest die Texte. Welches Foto passt?**

Zu Text 1 passt Foto ...

Ich mache im Sommer immer ein Sprachcamp am Meer. Ich fliege nach Deutschland, auf eine Insel in der Nordsee. Morgens lernen wir Deutsch und nachmittags haben wir Freizeit. Wir sind viel am Strand, wir schwimmen, surfen und haben viel Spaß. Im Sprachcamp sind Jugendliche aus der ganzen Welt. Das ist cool. Wir übernachten in einem Jugendhotel.

☐

Ich bleibe in den Ferien meistens zu Hause. Das ist natürlich blöd. Aber mein Freund Marian bleibt auch zu Hause. Wir machen viel zusammen. Wir schwimmen viel, manchmal im Schwimmbad, manchmal fahren wir mit dem Fahrrad zum See. Wir besuchen auch seine Oma. Die ist sehr nett. Vielleicht kann ich nächstes Jahr eine Reise mit einer Jugendgruppe machen.

☐

c **Lest noch einmal und ergänzt die Tabelle.**

	Júlia	Dennis
Wo machen sie Urlaub?		
Wie reisen sie?		
Wo übernachten sie?		
Was machen sie?		

63 **d** **Hört Tom, Lea, Mia und Amita und notiert die Informationen in eine Tabelle im Heft wie in c.**

2 Interviews: Was machst du in den Ferien?

Fragt in der Klasse. Macht Notizen und berichtet.

Was machst du gerne in den Ferien?
Fährst du weg? / Fährst du in Urlaub?
Wohin fährst du?
Wie lange fährst du weg?
Fährst du mit deinen Eltern?
Wo übernachtest du?

Nein, ich bleibe zu Hause.
Ja, ich fahre/fliege ...
Ich besuche meine ...
Ein paar Tage. / Zwei Wochen.
In einer Ferienwohnung. / Im Hotel.
Bei meinen Großeltern.
Am liebsten ...

Ich fahre nach Köln. (*Städte*)
nach Spanien. (*Länder*)
ans Meer.
in die Berge.
aufs Land.
an den See.

Das lerne ich: Über Ferienpläne sprechen und eine Reise planen • Pro- und Kontra-Argumente formulieren • über die Vergangenheit sprechen • eine Ferienpostkarte schreiben • eine Postkarte verstehen und schreiben • einen Blogbeitrag zusammenfassen

3 Reisegepäck

a Welche Wörter kennt ihr? Schlagt die unbekannten Wörter im Wörterbuch nach.

der Bikini
der Mantel
der Pullover
der Schlafsack
der Kamm
der Pass /
der Ausweis

das T-Shirt
das Kleid
das Tablet
das Smartphone
das Ticket

die Jacke
die Hose
die Jeans
die Badehose
die Sonnenbrille
die Zahnbürste
die Tasche
die Kamera

die Schuhe *(Pl.)*
die Socken *(Pl.)*

b Malt Bilder dazu. Die anderen raten.

c Was wollt ihr noch mitnehmen? Macht eine Liste in der Klasse.

d Spielt zu viert Kofferpacken. Wer hat das beste Gedächtnis und kann am meisten mitnehmen?

Ich packe meinen Koffer. Ich nehme einen Mantel mit.

Ich nehme einen Mantel und Schuhe mit.

Ich nehme einen Mantel, Schuhe und eine Hose mit.

4 Urlaub vorbereiten

P

64 **Was ist richtig? Hört zu und kreuzt an.**

1. Amita packt in den Koffer:

A eine Kamera.

B einen Pass.

C eine Sonnenbrille.

2. Tom kommt nach Berlin mit …

A dem Flugzeug.

B dem Fahrrad.

C dem Auto.

5 Fantasiereise von Dennis, Marian, Funda und Lisa

65 **a Dennis, Marian, Funda und Lisa präsentieren eine Fantasiereise. Hört zu und bringt die Fotos in die richtige Reihenfolge.**

Sylt

Wien

die Schweiz

die Sächsische Schweiz

b Lest die Fragen 1–5. Hört noch einmal. Arbeitet in fünf Gruppen.
65 **Jede Gruppe macht Notizen zu einer Frage. Berichtet dann in der Klasse.**

1. Wie reisen die vier Freunde?
2. Wo übernachten sie?
3. Was sehen sie?
4. Was wollen sie machen?
5. Was brauchen sie?

c Plant eine Reise mit vier Stationen. Sammelt Informationen zu den Fragen 1–5 in b. Zeichnet oder sucht zu jeder Station ein Bild und bereitet gemeinsam einen Text vor. Versucht, in der Gruppe auf Deutsch zu sprechen. Der Redemittelkasten hilft euch.

Ich habe eine Idee. / Kannst du das aufschreiben? / Wie ist der Artikel von ...?
Was heißt ... auf Deutsch? / Keine Ahnung, ich schau mal im Wörterbuch.

d Präsentiert eure Reise in der Klasse.

Wir wollen eine Reise nach ... machen. Wir fahren/fliegen mit ...

6 Júlias Ausflug nach Bremen

a Was ist auf den Fotos? Lest den Blogtext und schreibt unter die Fotos.

primablogspot.beispiel.de × +

Sprachcamp – Kurstagebuch

Unser Ausflug nach Bremen

Jetzt bin ich schon eine Woche im Sprachcamp. Es ist viel passiert. Am Samstag haben wir einen Ausflug gemacht. Wir sind morgens früh um 6 Uhr mit dem Schiff nach Bremerhaven und dann mit dem Zug nach Bremen gefahren. In der Stadt haben wir eine Stadtrallye mit Segways gemacht. Das war cool! Meine Gruppe hat gewonnen 🙂. Wir haben die Bremer Stadtmusikanten gesehen. Wir haben auch die Füße vom Esel berührt. Warum? Dann hat man einen Wunsch frei!
Dann sind wir zum Restaurant im Ratskeller gegangen. Das Restaurant ist sehr bekannt. Hier haben viele berühmte Menschen gegessen. Ich habe Fisch probiert. Das war komisch. Der Fisch heißt „Matjes" und ist roh!!!
Am Nachmittag haben wir das „Universum" besichtigt. Das sieht aus wie ein Walfisch, aber es ist ein Museum für Technik. Cool!
Es war spannend und wir haben nicht auf die Uhr geschaut. Und dann war es schon halb sechs. Wir sind superschnell zur Straßenbahn-Haltestelle gelaufen. Und wir haben es geschafft. Wir haben die Straßenbahn, dann den Zug und danach das Schiff noch bekommen.
🙂
Júlia

b Was haben sie auf dem Ausflug gemacht? Mit welchen Verkehrsmitteln sind sie gefahren?

Verkehrsmittel: Schiff ...
Aktivitäten: Stadtrallye ...

c Unterstreicht im Text alle Perfektformen.

d Berichtet die wichtigsten Informationen aus Júlias Blog.

Júlia ist schon eine Woche im Sprachcamp.

Am Samstag haben sie einen Ausflug ...

Es ist schon viel passiert.

Sie sind zum Restaurant ...

7 Von A nach B? Lokale Veränderung: Perfekt mit *sein*

a **Lest das Beispiel und ergänzt den Satz.**

Wir sind zum Restaurant gegangen.

Denk nach!

- Die meisten Verben bilden das Perfekt mit *haben.*
- Verben mit lokaler Veränderung (A → B), z. B. *gehen, fahren* bilden das Perfekt mit ________.
- Auch einige andere Verben bilden das Perfekt mit „sein", z. B. *passieren*

b **Lest 1–6. Wo gibt es eine lokale Veränderung? Schreibt Sätze im Perfekt. Ihr findet die Partizipien in der Wortliste ab Seite 88.**

1. Júlia – zum Sprachcamp – fliegen
2. Júlia – am Vormittag – Deutsch – lernen
3. Mittags – alle – zum Meer – gehen
4. Am Samstag – Júlia und ihre Freunde – nach Bremen – fahren
5. Sie – die Bremer Stadtmusikanten – sehen
6. Júlia – ein Eis – essen

1. Júlia ist zum Sprachcamp geflogen.

c **Welche Verben bilden das Perfekt mit *sein*?**
Sammelt aus dem Blog in 6a und aus der Übung in 7b alle fünf Verben.

8 Phonetik: *ng*

a **Hört zu und sprecht nach. Man hört *ng* als einen Laut.**

66 gehen – gegangen singen – gesungen

b **Fragt und antwortet. Achtet auf das *ng*.**

Wohin bist du am Montag gegangen?

Ich bin zur Schule gegangen.

Wohin bist du am Dienstag gegangen?

shoppen/schwimmen ...
zu Hannah/Peter ...
zum Fußball/Basketball ...

9 Minigeschichten erzählen

Schreibt eine Minigeschichte mit den drei Verben.
Eine Information ist falsch, zwei Informationen sind richtig. Lernt die Minigeschichte auswendig und präsentiert sie in der Klasse.

10 Was hast du am Wochenende gemacht?

a **Schreibt Lernkarten mit den Perfektformen und fragt euch gegenseitig ab.**

fahren

er/sie fährt
er/sie ist gefahren
Ich bin nach Berlin gefahren.

b **Lange Sätze bilden. Hört zu, markiert das betonte Wort und sprecht nach.**

67
Ich bin gegangen.
Ich bin ins Kino gegangen.
Ich bin mit meiner Freundin ins Kino gegangen.
Ich bin gestern Abend mit meiner Freundin ins Kino gegangen.

c **Was hast du gemacht? Schreib Sätze über dich.**

Vergangenheit → letztes Jahr → letzten Monat → letzte Woche → letztes Wochenende → vorgestern → gestern → **heute**

d **Klassenspaziergang. Lest einen Satz vor. Der/Die Partner/-in wiederholt den Satz und reagiert. Merkt euch die Informationen!**

Letztes Wochenende habe ich Mathe gelernt.

Mathe gelernt. Echt? Der Mathetest ist erst nächste Woche!!

Ich auch!!
Du Arme! Du Armer!
Cool! Echt?

e **Wie viele Sätze habt ihr euch gemerkt? Spielt in zwei Gruppen. Jede Gruppe sagt abwechselnd einen Satz mit einer Information. Richtig? Dann bekommt die Gruppe einen Punkt. Die Information hat schon jemand gesagt? Dann bekommt die Gruppe einen Minuspunkt.**

11 Eine Ferienpostkarte

a Seht die Postkarte an. Wer schreibt sie? Wer bekommt sie?

b Lest die Postkarte. Bringt die Fotos in die richtige Reihenfolge.

Liebe Merle, 12. Juli

viele Grüße aus der Schweiz. Das Sprachcamp ist zu Ende. Jetzt bin ich mit meiner Familie in der Schweiz. Gestern war das Wetter in Zürich nicht so toll. Aber heute war es super! Wir sind nach Schaffhausen gefahren und dann mit einem Schiff zum Rheinfall. So viel Wasser! Wir waren auch auf der „Känzeli". Das ist eine Plattform über dem Rheinfall. Meine Schwester hatte Angst, ich nicht! Zum Mittagessen waren wir im Schlössli Wörth. Das ist ein Restaurant direkt am Wasser. Nächste Woche kommen wir nach Frankfurt.

Liebe Grüße

Júlia

Merle Thann
Rhönstraße 15
60314 Frankfurt
Deutschland

c Wo und warum hatte die Schwester von Júlia Angst? Sprecht in der Klasse.

d Eine Postkarte schreiben. Bringt den Tipp in die richtige Reihenfolge.

Tipp

- ☐ Text korrigieren (groß/klein, Position 2, Perfekt)
- ☐ Ideen und Wörter ordnen
- ☐ Text schreiben (Anrede und Gruß nicht vergessen)
- ☐ Ideen und Wörter sammeln

e Schreibt eine Postkarte aus eurem Ort an eine/-n Freund/-in.

12 Endlich Ferien!

a Was glaubt ihr? Zu welchen Ländern gehören die Fotos?

1

2

3

4

Island *Norwegen* *Italien*

8

5

6

7

9

b Schaut den Vlog bis 1:07. Wo sind Emma, Paula, Ben und Max?

c Schaut den Vlog bis zum Ende. Was kann man dort machen?

1 Sächsische Schweiz

2 Mallorca

3 Wannsee

4 Campingplatz Himmelpfort

schwimmen *surfen* *ein Musikfestival besuchen* *Kanu fahren* *wandern*
eine Radtour machen *tauchen* *Floß fahren* *paddeln* *angeln*

d Schaut noch einmal. Wer findet was gut oder nicht gut? Was wollen sie machen?

1 ☺ ☹

2 ☺ ☹

3 ☺ ☹

4 ☺ ☹

Wohin? ______________ Übernachten? ______________ Mit wem? ______________

e Italien, Island, Norwegen, Sächsische Schweiz, Mallorca, Wannsee, Himmelpfort:
Was findet ihr interessant? Wohin möchtet ihr gerne einmal fahren?
Was möchtet ihr dort machen? Schreibt Emma einen Kommentar.

Das kann ich

Über Ferienpläne sprechen und eine Reise planen

Fährst du weg?	Ja, ich fahre ... / Nein, ich bleibe zu Hause.
Fährst du mit deinen Eltern?	Nein, ich fahre mit Freunden.
Wohin fährst du?	Ich fahre nach Spanien / ans Meer / aufs Land ... Ich besuche meine Tante.
Wie lange fährst du?	Zwei Wochen.
Wo schläfst du?	In der Jugendherberge. / Auf dem Campingplatz.

Über die Vergangenheit sprechen

Wir haben einen Ausflug gemacht.
Wir sind mit dem Zug zum Rheinfall gefahren. Das war interessant.
Letztes Wochenende habe ich Mathe gelernt.
Gestern/Vorgestern/... bin/habe ich ...

Außerdem kann ich ...
- Äußerungen zu Ferienaktivitäten verstehen
- einen Text über Ferienaktivitäten verstehen
- eine Ferienpostkarte schreiben

Phonetik
- Wörter mit *ng*
- lange Sätze bilden

Grammatik kurz und bündig

Verbformen: Partizip

kaufen	er/sie hat gekauft
sehen	er/sie hat gesehen
fahren	er/sie ist gefahren

Perfekt mit *sein* oder *haben*

Die meisten Verben bilden das Perfekt mit *haben*.

Ich	habe	Matjes	gegessen.
Wir	haben	eine Reise	gemacht.

Verben mit Positionsveränderung bilden das Perfekt mit *sein*.

Ich	bin	nach Wien	gefahren.
Er	ist	nicht nach Hause	gekommen.

Verben mit *sein* sind z. B.: *gehen, kommen, fahren, fliegen, laufen*
Auch andere Verben bilden das Perfekt mit *sein*, z. B. *passieren*

Fakten und Kurioses

1 Hauptstädte

a **Was wisst ihr über die Hauptstädte von Deutschland, Österreich und der Schweiz? Sucht die Hauptstädte auf der Karte hinten im Buch.**

b **Schätzungen: Lest die Quizfragen und ordnet die Zahlen den Städten zu: Bern (A), Berlin (B) oder Wien (C)?**

1. Wie viele Menschen leben jeweils in den drei Städten?
   - ☐ ca. 150.000
   - ☐ ca. 2 Millionen
   - ☐ ca. 3,7 Millionen

2. Wie groß ist das Stadtgebiet?
   - ☐ 414 km²
   - ☐ 892 km²
   - ☐ 52 km²

> **Tipp**
> km²: Quadratkilometer

3. Wie viele Nationalitäten leben in den Städten?
   - ☐ über 160
   - ☐ über 190
   - ☐ über 180

4. Wie viele Besucher übernachten hier pro Jahr?
   - ☐ ca. 500.000
   - ☐ ca. 8 Millionen
   - ☐ ca. 14 Millionen

5. Was ist der Preis von einem Burger in einem Fastfood-Restaurant?
   - ☐ 6,60 €
   - ☐ 4,10 €
   - ☐ 4,80 €

68 **c** **Hört das Interview mit Raoul, Sami und Jin-Jin und überprüft eure Schätzungen.**

d **Vergleicht die Angaben zu Bern, Berlin und Wien mit euren eigenen Städten.**

2 Berlin, Bern oder Wien?

a Schaut die Fotos an. Besprecht die Fragen in Gruppen.

- Welches Foto gefällt euch besonders gut / überhaupt nicht? Warum?
- Welche Fotos passen auch/nicht zu eurer Stadt? Warum?
- Was denkt ihr: Welche Fotos sind Berlin, welche Bern, welche Wien? Warum?

b Lest dann die Texte. Was denkt ihr: Welche Stadt ist das?

In __________ entwickelte Rudolf Lindt 1879 die Conche-Technik zur Schokoladenherstellung, wie wir sie heute kennen. Auch Ovomaltine, Camille Bloch und Toblerone kommen von hier. **1**

Filmfans finden in __________ Drehorte von vielen deutschsprachigen Filmen, aber auch von internationalen Produktionen, z. B.: „Inglourious Basterds", „The Queen's Gambit", die „Bourne"-Reihe und die „Tribute von Panem"-Reihe. **2**

Im Sommer geht man in __________ an die Flussstrände, zum Sonnen, Schwimmen und Paddeln oder man springt vom Schönausteg ins Wasser. **3**

__________ ist Musik-Stadt: Walzer, Oper und Operette, Musicals, aber auch Pop- und Rock-Konzerte und elektronische Musik in Clubs. **4**

__________ ist die Hauptstadt des Döners: Hier gibt es mehr Dönerläden als in Istanbul: über 1.600. **5**

Im Stadtgebiet von __________ leben circa 4.000 wilde Füchse und 55.000 Hunde (Haustiere). **6**

c Kontrolliert und vergleicht eure Lösungen.
Besprecht eure Antworten aus 1b und 2a in eurer Sprache:

- Was habt ihr gewusst / richtig geschätzt, warum?
- Was hat euch überrascht? Was findet ihr interessant?

Projekt

Welche Stadt möchtet ihr gern besuchen, was möchtet ihr dort gern machen oder sehen? Worüber möchtet ihr mehr erfahren?
Recherchiert im Internet, präsentiert dann in der Klasse.

Ich möchte nach Berlin, ich mag Konzerte: Welche Konzerte gibt es in Berlin?

Ich möchte nach Wien und schwimme gern: Wo kann man in Wien baden gehen?

Ich möchte mehr über Schokolade in Bern wissen.

3 Der Bodensee

a Schaut die Fotos an. Was denkt ihr, wenn ihr die Fotos seht?

Passt ein Foto gut zu eurem Land?

Bei Foto 4 denke ich an Freizeit/Natur/Urlaub …

b Lest die Texte. Welcher Text passt zu welchem Foto?

Die *Bregenzer Festspiele* in Österreich sind ein international bekanntes Kulturfestival. Jedes Jahr kommen über 100.000 Menschen zum Festival auf der Seebühne. Es gibt Opern und Konzerte. Die Seebühne ist mit ca. 7.000 Plätzen die größte Seebühne auf der Welt. ☐

Am Bodensee sind Schiffe normale Verkehrsmittel – wie Bahn, Bus oder Auto. Mit dem Schiff ist man oft schneller am Ziel: Über Land müsste man sonst um den See fahren. ☐

Im schweizerischen Romanshorn sieht man den Säntis. Man kann mit der Schwebebahn auf den 2509 m hohen Berg fahren oder wandern. Von dort kann man sechs Länder sehen: die Schweiz, Deutschland, Österreich, Liechtenstein, Frankreich und Italien. ☐

Kreuzlingen in der Schweiz ist die Schwesterstadt von Konstanz in Deutschland. Die Landesgrenze läuft mitten durch das gemeinsame Stadtgebiet. ☐

Das deutsche Konstanz ist mit ca. 85.000 Einwohnern die größte Stadt am Bodensee. In vielen Sprachen hat der See den Namen der Stadt: Lake Constance, Lago di Constanza, Lac de Constance.

4 Freizeit am Bodensee

69 a Jin-Jin, Raoul und Sami erzählen. Hört zu und notiert: Wo haben sie sich kennengelernt?

70 b Hört weiter und notiert im Heft: Wer spricht von welchem Foto?

Info

Der Bodensee in Zahlen

Bewohner (gesamte Region): ca. 4,2 Millionen
Seefläche: 536 km²; **Uferlänge:** 273 km
Tagestouristen: ca. 14 Millionen im Jahr
touristische Übernachtungen: ca. 6 Millionen pro Jahr

69 – 70 c Hört noch einmal (in Abschnitten). Welche Pläne haben die Jugendlichen? Ergänzt.

	Sami	Raoul	Jin-Jin
Stadt			
Aktivität			

d Welche Orte aus 3 und 4 findet ihr interessant?
Was möchtet ihr über diese Orte noch wissen?

Projekt

Schreibt einen Reisebericht oder nehmt ein Video von eurer Lieblingsstadt / eurem Lieblingsort (in eurem Land oder anderswo) auf. Verfasst den Bericht so, dass auch jemand, der diesen Ort nicht kennt, alles versteht.

Große Pause

Spielen und wiederholen

Spielt zu viert. Würfelt und geht vom Start bis zum Ziel und löst die Aufgaben. Falsch? Dann müsst ihr wieder zurückgehen. Wer zuerst am Ziel ist, gewinnt.

1

25

Start

1 Wo sind die Mäuse?

2 Was sagen eure Eltern? R... dein Zimmer ...! M... deine Hausaufgaben!

3 Wie sieht dein Traumzimmer aus? (drei Sätze)

4 Wie spricht man das „b" in „Schreibtisch"?

5 Welche Salate kennst du? Nenne drei Salate.

6 Konjugiere „essen"

7 Was isst du gern zum Frühstück?

8 Welche Vokal sind lang? *Br – Kartoffel – Su – Kuchen*

9 Welcher Monat kommt v März? Welcher Monat kommt nach März?

10 Schwimmst du gern? ≠ Nein, ich ... Ich gehe schwimmen. Hast du auch Lust? ≠ Nein, ich ...

11 Wann beginnen deine Sommerferien?

12 Sprich deutlich: *Wir wollen wieder viel Volleyball spielen.*

13 Wie sind der Artikel und der Plural von: Hand, Fuß, Finger, Hose, Mantel, T-Shirt?

14 Wie findest du d... Mantel? – Ich finde ... gut.

15 Beschreibe deine Kleidung. (drei Sätze)

16 Sprich deutlich: *Seine zehn Zähne schmerzen.*

17 Was kann man zum Geburtstag schenken? Drei Ideen.

18 Wo w... du gestern? – Ich w... zu Hause. Ich h... keine Zeit

19 Was machst du an deinem Geburtstag? (drei Sätze)

20 Sprich ganz deutlich: *a – ä – e – i*

21 Wo kann man in die U-Bahn einsteigen? / Wo Medikamente kaufen? / Wo ein Eis kaufen?

22 Was hast du gestern gemacht? (drei Aktivitäten)

23 Wie kommst du zur Schule? (drei Sätze)

24 Sprich deutlich: *ich – möchte – lachen – doch – nicht – sprechen*

25 Was ist das?

26 Perfekt mit *sein* oder *haben?* lesen, fahren, kommen, schlafen

27 Was hast du in den letzten Sommerferien gemacht? (drei Sätze)

28 Sprich ganz deutlich: *Wir singen. Wir fangen jetzt an.*

Ziel

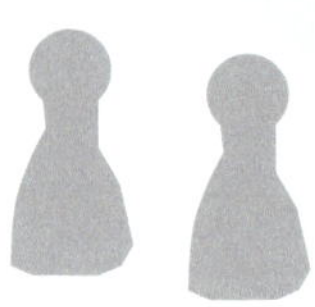

Blackout-Texte

a **Könnt ihr Blackout-Texte lesen? Vergleicht die Texte 1 und 2. Zu welchen Wörtern gehören die Buchstaben?**

1

- S
- H
- on n
  k

2

- Hey, Luke. Wo warst du denn am Samstag?
- Hey Kim, ich war zu Hause. Warum?
- Vorgestern war die Party von Emma. Sie hatte echt super Essen und die Musik war voll gut.

b **In diesem Blackout-Text ist ein Satz versteckt. Wie lautet er?**

Ich
li e
b e
F
e r
i e n

c **Der Text in b ist aus Einheit 14. Sucht den Text und vergleicht.**

d **Macht eigene Blackout-Texte.**

Ihr braucht:
- eine Kopie von einem Text
- einen schwarzen Filzstift

Macht alle Buchstaben schwarz, die ihr nicht braucht. Der Rest ist euer Text.
Macht eine Ausstellung in der Klasse.

Wortliste

Die alphabetische Wortliste enthält alle neuen Wörter aus prima A1.2 mit Angabe der Einheit, der Aufgabe und der Seite, wo sie zum ersten Mal vorkommen (8/2a/7).
Wörter aus den Aufgabenstellungen sowie grammatische Begriffe, Länder- und Städtenamen sind nicht erfasst. Bei den Nomen stehen der Artikel und die Pluralform (Stadt, die, -ä-e). Bei Wörtern, die entweder nur im Singular oder Plural vorkommen, steht *nur Sg.* oder *nur Pl.* Bei Verben mit Vokalwechsel, bei trennbaren und bei unregelmäßigen Verben steht neben dem Infinitiv auch die 3. Person Sg. Präsens (fahren, sie/er fährt).
Ein • oder ein _ zeigt den Wortakzent: • kurzer Vokal (langweilig), _ langer Vokal (aber). **Fett** gedruckte Wörter sind Lernwortschatz. Der Lernwortschatz jeder Einheit steht auch auf der Seite *Meine Wörter* im Arbeitsbuch. Diese Seiten sind abgekürzt: Fakten & Kurioses = FK, Kleine Pause = KP, Große Pause = GP.

A

Abendessen, das, - 9/4a/19
abfahren, sie/er fährt ab 13/2b/64
abschreiben, sie/er schreibt ab 8/9a/11
aktiv 8/2a/7
allein 13/2b/64
Allerlei, das, -s FK/1b/36
Alles Gute zum Geburtstag! 12/1d/52
Alles Liebe! 12/1d/52
also 9/8c/21
altmodisch 11/7d/46
an 8/4a/8
andere 11/5a/44
Anfang, der, -ä-e 10/8a/31
angeln 14/12c/80
Angst, die, -ä-e 14/11b/79
Anhänger, der, - 12/4a/55
ankommen, sie/er kommt an 13/2b/64
Anrede, die, -n 14/11d/79
anrufen, sie/er ruft an 8/12g/13
Antwort, die, -en 9/11a/23
antworten 10/9a/32
anziehen, sie/er zieht an 11/9a/47
Apfel, der, Ä- 9/1a/16
Apfelkuchen, der, - 9/6a/20
Apotheke, die, -n 13/4b/66
April, der, meist Sg. 10/6a/30
Aquarium, das, Aquarien 8/1a/6
Arm, der, -e 11/1b/42
Artikel, der, - 14/5b/75
asiatisch FK/2b/37
auf einmal 12/8a/58
Aufgabe, die, -n KP/2b/41
aufgehen, sie/er geht auf 8/12c/13
aufmachen, sie/er macht auf 8/12g/13
aufräumen, sie/er räumt auf 8/8c/11
Auftritt, der, -e 11/5a/44
Auge, das, -n 11/1b/42
August, der, meist Sg. 10/6a/30
Ausflug, der, -ü-e 14/6a/76
Aussage, die, -n FK/2b/37
außerdem 12/2a/53
aussteigen, sie/er steigt aus 13/5b/67
Ausstellung, die, -en GP/d/87
aussuchen, sie/er sucht aus 11/11a/49
Austauschpartner, der, - FK/4e/39
Austauschschüler, der, - 12/4d/55
Ausweis, der, -e 14/3a/74
auswendig 12/6d/57
Auto, das, -s 13/2b/64
Avocado, die, -s 9/1a/16

B

backen, sie/er bäckt/backt FK/4a/39
Bäcker, der, - 13/4b/66
Bäckerei, die, -en FK/2a/37
Badehose, die, -n 14/3a/74
baden FK/Projekt/83
Baguette, das/die, -s 9/10e/22
Bahn, die, -en FK/3b/84
Bahnhof, der, -ö-e 13/2b/64
bald 10/7a/30
Banane, die, -n 9/1a/16
Bankenstadt, die, -ä-e 13/1a/62
Basecap, das, -s 13/6b/68
Bauch, der, -äu-e 11/1b/42
Bauchschmerzen, die, Pl. 11/6a/45
bauen 10/5a/29
Baum, der, -ä-e 13/1b/62
Baumhaus, das, -ä-er 8/12b/13
bedeuten 8/8c/11
Begrüßung, die, -en 9/1d/17
beide 12/8a/58
Beilage, die, -n 9/10a/22
Bein, das, -e 11/1b/42
Beispielsatz, der, -ä-e 12/6d/57
bekannt 13/5c/67
bequem 11/11a/49
beraten, sie/er berät 12/4d/55
Berg, der, -e 13/1b/62
berühmt 13/1g/63
berühren 14/6a/76
Bescheid sagen 12/3a/54
besichtigen 14/6a/76
Besonderheit, die, -en 13/1g/63
bestimmt 11/12f/50
Besucher, der, - FK/1b/82
Bett, das, -en 8/1a/6
bevor 9/1d/17
Bewegung, die, -en 11/5a/44
Bewohner, der, - FK/4b/85
Bibliothek, die, -en 10/5a/29
Bikini, der, -s 14/3a/74
Bild, das, -er 8/1a/6
bilden 13/6e/69
Bis gleich! 13/5b/67
bitte 8/9a/11
Bitte, die, -n 8/9c/11
bleiben 12/1d/52
blond 11/10a/48
Blume, die, -n 8/7a/10
Bluse, die, -n 11/7a/46
Boden, der, -ö 8/4a/8
Bohne, die, -n KP/2a/41
Boot, das, -e 13/8c/70
bouldern 10/3e/28
Box, die, -en 8/10a/12
Bratwurst, die, -ü-e FK/1b/36
brauchen 10/5a/29
bringen 12/2a/53
Brot, das, -e 9/1a/16
Brötchen, das, - 9/1a/16
Brücke, die, -n 13/1b/62
Buchstabe, der, -n 11/6c/45
Bulgursalat, der, -e 9/11b/23
bunt 11/11a/49
Burger, der, - FK/1b/36
Bus, der, -se 13/2b/64
Bushaltestelle, die, -n 13/2b/64
Butter, die, nur Sg. 9/8a/21

C

Campingplatz, der, -ä-e 14/1a/72
Chaos, das, nur Sg. 8/7a/10
chaotisch 8/8c/11
Chat, der, -s 10/9a/32
Christstolle, die, -n FK/1b/36
Christtag, der, -e FK/4a/38
Club, der, -s FK/2b/83
Cola, die, -s 8/9a/11
Couch, die, -(e)s/-en 8/1a/6
Couscoussalat, der, -e 9/11b/23
Crew, die, -s 11/5a/44
Croissant, das, -s 9/1a/16

D

dahin 13/5a/67
das Wasser, - 9/1d/17
dauern 10/8b/31
davor 8/7a/10
Decke, die, -n 8/7a/10
denken 10/5a/29
denn 8/7a/10
deshalb 12/5a/56
Dessert, das, -s FK/1b/36
deutsch (Adj.) 10/8a/31
Deutschbuch, das, -ü-er 9/11a/23
deutschsprachig 9/10a/22
Dezember, der, meist Sg. 10/6a/30
Ding, das, -e 12/2a/53
direkt 14/11b/79
Disco, die, -s 10/3b/28
doch 8/2e/7
Döner, der, - 9/8a/21

Wortliste

hinter 8/5a/9
hochgehen, sie/er geht hoch 13/5b/67
Hochhaus, das, -ä-er 13/1b/62
hoffen 10/8a/31
hoffentlich 13/6a/68
holen 8/11/12
Honig, der, -e 9/8a/21
Hose, die, -n 11/7a/46
Hotel, das, -s 13/4a/66
Huhn, das, -ü-er 9/10a/22
Hunger, der, - 9/1d/17
Hut, der, -ü-e 11/7a/46

I

ideal 13/3b/65
Imbiss, der, -e FK/2b/37
Improvisationstheater, das, - 10/5a/29
Info, die, -s 10/8a/31
Insel, die, -n 14/1b/73
international 9/11a/23
Italiener, der, - FK/2b/37

J

Jacke, die, -n 11/7a/46
Jahreszeit, die, -en 10/7a/30
Januar, der, meist Sg. 10/6a/30
Jeans, die, - 11/7a/46
jeweils FK/1b/82
Joghurt, der, -s 9/1a/16
Jugendgruppe, die, -n 14/1b/73
Jugendhotel, das, -s 14/1b/73
Jugendkulturzentrum (Jukuz), das, Jugendkulturzentren 10/5a/29
Jugendzentrum, das, Jugendzentren 10/1a/26
Juli, der, meist Sg. 10/6a/30
jung FK/1b/36
Juni, der, meist Sg. 10/6a/30

K

Kaffee, der, -s 9/1a/16
Kalbfleisch, das, nur Sg. 9/8a/21
Kamera, die, -s 14/3a/74
Kamm, der, -ä 14/3a/74
Kantine, die, -n 9/4a/19
Kanu, das, -s 14/12c/80
Karaoke, das, nur Sg. 12/5a/56
Karpfen, der, - FK/3b/38
Kartoffel, die, -n 9/2a/18
Kartoffelgericht, das, -e FK/1b/36
Kartoffelsalat, der, -e 9/10a/22
Kartoffelsuppe, die, -n 9/4a/19
Käse, der, - 9/1a/16
Käsespätzle, die, nur Pl. 9/6a/20
kennen 9/1e/17
Kerze, die, -n 12/2a/53
Ketchup, der/das, -s FK/1b/36
Kette, die, -n 12/4a/55
Kilogramm, das, -e 9/2a/18
Kirche, die, -n 13/1b/62
Kirsche, die, -n FK/1b/36
Kirschtorte, die, -n FK/1b/36
Kiste, die, -n 8/7a/10
Klassenarbeit, die, -en 10/7a/30
Klassiker, der, - FK/4a/39
klassisch FK/1b/36
Kletterhalle, die, -n 10/1a/26
Kleid, das, -er 11/9a/47
Kleidung, die, meist Sg. 11/11a/49
Klettertour, die, -en 10/4/29
Knie, das, - 11/1b/42
knobeln 10/5a/29
Koffer, der, - 14/3d/74
komisch 10/8a/31
Kommentar, der, -e 12/5a/56
Kopf, der, -ö-e 11/1b/42
Kopfhörer, der, - 13/6a/68
Kopfschmerzen, die, Pl. 11/6d/45
Kopie, die, -n GP/d/87
Körper, der, - 11/5c/44
korrigieren 14/11d/79
Kraft, die, -ä-e 11/5a/44
krank 12/9/59
Krankenhaus, das, -a-er 13/4b/66
Kräuter, die, Pl. 9/10e/22
Kreuzung, die, -en 13/4b/66
Küche, die, -n 10/11a/33
Kuchen, der, - 9/1a/16
Kugel, die, -n 10/13a/34
Kühlschrank, der, -ä-e 9/12c/24
Kulturfestival, das, -s FK/3b/84
Kürbis, der, -se 9/7a/20
Kürbissuppe, die, -n 9/6a/20
Kurstagebuch, das, -ü-er 14/6a/76
kurz 10/8a/31
Kuscheltier, das, -e 8/7a/10

L

Lampe, die, -n 8/1a/6
Landesgrenze, die, -n FK/3b/84
lang 8/7a/10
lässig 11/5a/44
laufen, sie/er läuft 11/4a/43
Laugenbrezel, die, -n 9/8a/21
laut 8/12c/13
Lautsprecher, der, - 8/7a/10
Leben, das, - 11/5a/44
Lebkuchen, der, - FK/1b/36
lecker 9/1d/17
leer 9/12c/24
leise 8/9a/11
Lesetreff, der, -s 10/5a/29
letzte, letzter, letztes 12/9/59
Lieblingsband, die, -s 12/4a/55
Lieblingsbuch, das, -ü-er 10/5a/29
Lieblingssalat, der, -e 9/11a/23
liegen 8/4a/8
Like, der, -s 13/6a/68
Linie, die, -n 13/5b/67
linke/rechte Seite 13/4b/66
lokal 14/7a/77
lustig 11/10a/48

M

Mai, der, meist Sg. 10/6a/30
mal 8/2e/7
Mandel, die, -n FK/1b/36
Mantel, der, -ä 14/3a/74
Markenklamotten, die, Pl. 11/11a/49
Marktplatz, der, -ä-e 13/4b/66
Marmelade, die, -n 9/1a/16
März, der, meist Sg. 10/6a/30
Marzipan, das, -e FK/1b/36
Material, das, -ien 10/5a/29
Matheaufgabe, die, -n KP/2b/41
Mathetest, der, -s 14/10d/78
Mathe-Zirkel, der, - 10/5a/29
Mayonnaise, die, -n 9/11a/23
Medikament, das, -e GP/Spiel/86
Meer, das, -e 14/1a/72
Mehlspeise, die, -n FK/1b/36
mehr 10/9a/32
meiste 13/6e/69
Melodie, die, -n 13/5c/67
Menü, das, -s 9/6a/20
Meter, der, - 8/7a/10
mich 8/7a/10
Milch, die, nur Sg. 9/1a/16
Mineralwasser, das, - 9/1a/16
Minigolf, das, nur Sg. 13/8c/70
mit 9/10a/22
mitbringen, sie/er bringt mit 2/2a/53
mitnehmen, sie/er nimmt mit 14/3d/74
Mittagessen, das, - 9/4a/19
Mittagspause, die, -n 10/2c/27
mitten FK/3b/84
Möbel, die, nur Pl. 8/7a/10
Mode, die, -n 11/11a/49
Modemagazin, das, -e 11/11a/49
modern 11/7d/46
müde 8/2a/7
Mund, der, -ü-er 11/1b/42
Museum, das, Museen 13/4b/66
Musical, das, -s FK/2b/83
Musikanlage, die, -n 8/7a/10
Musikfestival, das, -s 14/12c/80
Müsli, das, -s 9/1a/16
müssen, sie/er muss 9/10d/22

N

Nachbar, der, -n FK/4a/39
nächst- 12/1d/52
Nachtisch, der, -e 9/6c/20
nachträglich 12/2a/53
Nähe, die, nur Sg. 13/5b/67
Nase, die, -n 11/1b/42
Nationalfeiertag, der, -e 10/8a/31
Nationalität, die, -en FK/1b/82
Natur, die, nur Sg. 10/1a/26
natürlich 10/3b/28
neben 8/4a/8
nett 8/9c/11
Nockerl, das, -/-n FK/1b/36
Nordsee, die, nur Sg. 14/1b/73

sportlich 11/11a/49
Sportverein, der, -e 11/4a/43
Sprachcamp, das, -s 14/1b/73
springen 10/1a/26
Sprotte, die, -n FK/1b/36
Stadtfest, das, -e 11/5a/44
Stadtgebiet, das, -e FK/1b/82
Stadtmitte, die, -n 13/5b/67
Stadtralley, die, -s 14/6a/76
Station, die, -en 13/2b/64
Stil, der, -e 11/11a/49
Stimme, die, -n 8/8c/11
stöhnen KP/2b/41
Strand, der, -ä-e 14/1a/72
Strandkorb, der, -ö-e 14/5a/75
Straßenbahn, die, -en 13/2b/64
Streit, der, meist Sg. 12/8a/58
Stress, der, nur Sg. 12/8a/58
Stück, das, -e 9/8c/21
Stuhl, der, -ü-e 8/1a/6
stundenlang FK/4a/39
Supermarkt, der, -ä-e 13/5d/67
superschnell 14/6a/76
Suppe, die, -n 9/4a/19
sympathisch 11/10a/48

T

Tafel, die, -n 8/9a/11
Tagebuch, das, -ü-er 13/6a/68
Tagestourist, der, -en FK/4b/85
Tango, der, -s 11/5a/44
Tanz, der, -ä-e 11/5a/44
Tanzauftritt, der, -e 11/12e/50
Tanzgruppe, die, -n 11/5a/44
Tanzsport, der, nur Sg. 11/5a/44
Tanzverein, der, -e 11/5a/44
Tasche, die, -n 14/3a/74
tauchen 14/12c/80
Technik, die, -en 14/6a/76
Tee, der, -s 9/1a/16
Teppich, der, -e 8/1a/6
Test, der, -s 13/2b/64
Theater, das, - 10/5a/29
Theaterkarte, die, -n 12/8a/58
Theaterstück, das, -e 10/5a/29
Theaterworkshop, der, -s 10/5a/29
Thunfisch, der, -e 9/8a/21
Ticket, das, -s 14/3a/74
Tisch, der, -e 8/1a/6
Tochter, die, -ö-er 8/9b/11
Tofu, der, Sg. 9/6a/20
Tomate, die, -n 9/1a/16
Tomatensoße, die, -n 9/6a/20
Tomatensuppe, die, -n 9/4a/19
Topf, der, -ö-e FK/4a/39
touristisch FK/4b/85
traditionell FK/1b/36
tragen, sie/er trägt 11/9b/47
trainieren 8/7a/10
Traumbaumhaus, das, -ä-er 8/7a/10
Traumschrank, der, -ä-e 11/8b/46
Traumzimmer, das, - 8/7a/10
traurig 8/2a/7
Trend, der, -s 11/11a/49
trendy 11/12e/50
Treppe, die, -n 13/5b/67
trinken 9/1b/17
Trockenfrucht, die, -ü-e FK/1b/36
T-Shirt, das, -s 11/7a/46
Tür, die, -en 8/4a/8
Turnschuh, der, -e 11/7a/46
Typ, der, -en 11/10a/48

U

U-Bahn, die, -en 13/2b/64
U-Bahnhof, der, -ö-e 13/5b/67
über 8/4a/8
überhaupt 9/3b/18
Übernachtungsparty, die, -s 12/3a/54
übernachten 14/1b/73
Übernachtung, die, -en FK/4b/85
Uferlänge, die, -n FK/4b/85
unbekannt FK/4e/39
uncool 11/7d/46
ungewohnt FK/4e/39
Unglück, das, -e 12/2a/53
unhöflich 12/2a/53
unter 8/4a/8
Unterkörper, der, - 11/1c/42
Urlaub, der, -e 14/1c/73

V

Vanille, die, Sg. 9/7a/20
Vanilleeis, das, nur Sg. 9/6a/20
Vanillekipferl, das, -/-n FK/4a/39
vegan 9/11a/23
Vegetarier, der, - 9/11a/23
vegetarisch 9/6a/20
Veränderung, die, -en 14/7a/77
Vergangenheit, die, nur Sg. 14/10c/78
Verkehrsmittel, das, - 14/6b/76
verlieren 13/6d/69
vermissen 12/10/59
verrückt 11/7d/46
verschieden 9/10a/22
verstecken KP/1a/40
versuchen 9/1g/17
Verwandte, der/die, -n 12/2a/53
Video, das, -s 10/1a/26
Viel Glück und Spaß! 12/1d/52
vielleicht 8/12a/12
Vogelhaus, das, -ä-er 10/5a/29
vor 8/4a/8
Vorbereitung, die, -en KP/1a/40
vorgestern 12/8a/58
VR-Game, das, -s 8/7a/10

W

Wald, der, -ä-er 10/1a/26
Walfisch, der, -e 14/6a/76
Walzer, der, - 11/5a/44
Wand, die, -ä-e 8/1a/6
warm 9/8a/21
warum 10/3b/28
Wäsche, die, nur Sg. 10/11a/33
waschen, sie/er wäscht 9/10d/22
Wasser, das, - 10/1a/26
weg sein 12/8a/58
Weg, der, -e 13/3b/65
wegfahren, sie/er fährt weg 14/2/73
wehtun, sie/er tut weh 11/6a/45
Weihnachtsferien, die, nur Pl. 10/8a/31
Weihnachtsfest, das, -e FK/4a/39
Weihnachtstag, der, -e FK/4a/38
Weißwurst, die, -ü-e FK/1b/36
weit 11/9c/47
wenig 9/12b/24
Wettbewerb, der, -e 11/5a/44
Wetter, das, nur Sg. 14/11b/79
wieder 10/8a/31
wiederholen 8/9a/11
wild 8/2a/7
Winter, der, - 10/6a/30
Winterferien, die, nur Pl. 10/8a/31
Wochentag, der, -e 9/6a/20
wohin 14/8b/77
Wohnung, die, -en 8/13d/14
wollen, sie/er will 10/9a/32
Workshop, der, -s 10/5a/29
Wörterbuch, das, -ü-er 14/5a/75
Wunsch, der, -ü-e 12/3b/54
Wurst, die, -ü-e 9/1a/16
Würstchen, das, - FK/1b/36
Wurstsalat, der, -e 9/10a/22
wütend 8/2a/7

Z

Zahn, der, -ä-e 11/1b/42
Zahnbürste, die, -n 14/3a/74
Zahnschmerzen, die, Pl. 11/6c/45
Zelt, das, -e 14/1a/72
Zettel, der, - KP/1a/40
Zeugnis, das, -se 10/8a/31
ziehen 8/13d/14
Ziel, das, -e FK/3b/84
Zimmer, das, - 8/1e/6
Zitrone, die, -en 13/6a/68
zu Fuß gehen 13/2b/64
Zucker, der, nur Sg. FK/1b/36
zuerst 9/11a/23
Zug, der, -ü-e 13/2b/64
zuhören, sie/er hört zu 9/1g/17
zum Schluss 13/3b/65
zumachen, sie/er macht zu 12/5a/56
zurückkommen, sie/er kommt zurück 12/5a/56
zweite 13/4a/66
Zwiebel, die, -n 9/8a/21
zwischen 8/4a/8

In dieser Liste findest du wichtige unregelmäßige Verben. Die Perfektformen mit **sein** sind rot markiert (ist *ab*gefahren).
Die trennbaren Präfixe sind kursiv markiert (*ab*gefahren).

Infinitiv	Präsens: 3. Person Sg. er/es/sie	Perfekt: 3. Person Sg. er/es/sie
*ab*fahren	fährt ... *ab*	ist *ab*gefahren
*ab*schreiben	schreibt ... *ab*	hat *ab*geschrieben
*an*fangen	fängt ... *an*	hat *an*gefangen
*an*kommen	kommt ... *an*	ist *an*gekommen
*an*rufen	ruft ... *an*	hat *an*gerufen
*auf*schreiben	schreibt ... *auf*	hat *auf*geschrieben
*auf*stehen	steht ... *auf*	ist *auf*gestanden
*aus*geben	gibt ... *aus*	hat *aus*gegeben
*aus*sehen	sieht ... *aus*	hat *aus*gesehen
*an*ziehen	zieht ... *an*	hat *an*gezogen
*aus*steigen	steigt ... *aus*	ist *aus*gestiegen
beginnen	beginnt	hat begonnen
bekommen	bekommt	hat bekommen
bleiben	bleibt	ist geblieben
bringen	bringt	hat gebracht
denken	denkt	hat gedacht
*ein*laden	lädt ... *ein*	hat *ein*geladen
*ein*schlafen	schläft ... *ein*	ist *ein*geschlafen
*ein*steigen	steigt ... *ein*	ist *ein*gestiegen
essen	isst	hat gegessen
fahren	fährt	ist gefahren
*fern*sehen	sieht ... *fern*	hat *fern*gesehen
finden	findet	hat gefunden
fliegen	fliegt	ist geflogen
fressen	frisst	hat gefressen
geben	gibt	hat gegeben
gehen	geht	ist gegangen
gewinnen	gewinnt	hat gewonnen
haben	hat	hat gehabt
hängen	hängt	hat gehangen
heißen	heißt	hat geheißen
helfen	hilft	hat geholfen
kennen	kennt	hat gekannt
kommen	kommt	ist gekommen
können	kann	hat gekonnt
laufen	läuft	ist gelaufen
*leid*tun	tut ... *leid*	hat *leid*getan
lesen	liest	hat gelesen
liegen	liegt	hat gelegen
*mit*bringen	bringt ... *mit*	hat *mit*gebracht
*mit*kommen	kommt ... *mit*	ist *mit*gekommen
*mit*nehmen	nimmt ... *mit*	hat *mit*genommen
mögen	mag	hat gemocht
müssen	muss	hat gemusst
nehmen	nimmt	hat genommen
nennen	nennt	hat genannt
passieren	passiert	ist passiert
raten	rät	hat geraten
reiten	reitet	ist geritten
schlafen	schläft	hat geschlafen
schließen	schließt	hat geschlossen
schmelzen	schmilzt	ist geschmolzen
schreiben	schreibt	hat geschrieben
schwimmen	schwimmt	ist geschwommen
sehen	sieht	hat gesehen
singen	singt	hat gesungen

Unregelmäßige Verben

sitzen	sitzt	hat gesessen
sprechen	spricht	hat gesprochen
springen	springt	ist gesprungen
stehen	steht	hat gestanden
tragen	trägt	hat getragen
treffen	trifft	hat getroffen
verbringen	verbringt	hat verbracht
verlieren	verliert	hat verloren
verstehen	versteht	hat verstanden
waschen	wäscht	hat gewaschen
*weh*tun	tut ... *weh*	hat *weh*getan
wissen	weiß	hat gewusst
wollen	will	hat gewollt
*zurück*geben	gibt ... *zurück*	hat *zurück*gegeben
*zurück*kommen	kommt ... *zurück*	ist *zurück*gekommen

Cover: stock.adobe.com/Jacob Lund/Jacob; Illu: Cornelsen/Irina Zinner; **S. 4** (8): Shutterstock.com/Room27; (9): Shutterstock.com/Zivica Kerkez; (10): Shutterstock.com/Juice Dash; (Fakten und Kurioses): Shutterstock.com/Liliya Kandrashevich; (11): Shutterstock.com/Alena Ozerova; **S. 5** (12): stock.adobe.com/Halfpoint; (13): Shutterstock.com/VH-studio; (14): Shutterstock.com/oliveromg; (Fakten und Kurioses): stock.adobe.com/JFL Photography; **S. 7** (aktiv): Shutterstock.com/Just dance; (wild): Shutterstock.com/WAYHOME studio; (ruhig): Shutterstock.com/ViDI Studio; (froh): Shutterstock.com/Dean Drobot; (wütend): Shutterstock.com/Khosro; (traurig): Shutterstock.com/Cookie Studio; (müde): Shutterstock.com/Krakenimages.com; (romantisch): Shutterstock.com/Roman Samborskyi; **S. 8** (Zimmer): Shutterstock.com/Room27; **S. 9** (Zimmer rechts): Shutterstock.com/Photographee.eu; (Zimmer links): Shutterstock.com/New Africa; (Zimmer mitte): Shutterstock.com/Africa Studio; **S. 10** (VR-Brille): Shutterstock.com/Anton Gvozdikov; (Roboter): Shutterstock.com/Ociacia; (Kuscheltier): Shutterstock.com/P Maxwell Photography; (Sofa): Shutterstock.com/bluehand; (Pflanze): Shutterstock.com/deckorator; (Hantel): Shutterstock.com/Marcel Huebner; (Musikanlage): Shutterstock.com/CapturePB; (Hängematte): Shutterstock.com/3d Jesus; (Lautsprecher): Shutterstock.com/Den Rozhnovsky; (Spiegel): Shutterstock.com/Sachiczko; (Fernseher): Shutterstock.com/cobalt88; **S. 11** (A): Shutterstock.com/Tyler Olson; (B): Shutterstock.com/Gorodenkoff; (C): Shutterstock.com/Antonio Guillem; **S. 12** (Baumhaus): Shutterstock.com/Aniroot M; (Banane): Shutterstock.com/bergamont; (Kuli): Shutterstock.com/Pixel Embargo; (Rucksack): Shutterstock.com/everytime; (Wasser): Shutterstock.com/somchaij; **S. 14** (Ben): Cornelsen/Drehkraft e.K.; (Emma & Ben): Cornelsen/Drehkraft e.K.; **S. 16** (1): Shutterstock.com/Ali Efe Yilmaz; (2): Shutterstock.com/Andrey_Popov; (3): stock.adobe.com/losangela; (4): stock.adobe.com/Jenifoto; (5): stock.adobe.com/bilderexpertin65; **S. 18** (Käse): Shutterstock.com/New Africa; (Gemüse): Shutterstock.com/TrotzOlga; (Schokolade): Shutterstock.com/gresei; (Brot): Shutterstock.com/simm49; (Obst): Shutterstock.com/lewalp; (Nudeln): Shutterstock.com/EM Arts; (Kartoffeln): Shutterstock.com/mahirart; (Fisch): Shutterstock.com/MaraZe; (Fleisch): Shutterstock.com/New Africa; (Emoji, neutral): Cornelsen/Laurent Lalo; (Emojis): stock.adobe.com/Ivan Kopylov; (Eier): Shutterstock.com/virtu studio; **S. 19** (Carolin & Vater): Shutterstock.com/Zivica Kerkez; **S. 20** (Obstsalat): Shutterstock.com/Africa Studio; (Kürbissuppe): Shutterstock.com/Anna_Pustynnikova; (Erdbeerjoghurt): Shutterstock.com/meaofoto; (Käsespätzle): Shutterstock.com/Nina Alizada; (Schokopudding): Shutterstock.com/Allyso; **S. 21** (Tiere): Shutterstock.com/ysclips design; **S. 22** (Italienischer Salat): Shutterstock.com/Chudo2307; (Griechischer Salat): Shutterstock.com/Timolina; (Obstsalat): Shutterstock.com/baibaz; (Nudelsalat): Shutterstock.com/etorres; (Kartoffelsalat): Shutterstock.com/Eivaisla; (Rucola): Shutterstock.com/Kiian Oksana; **S. 23** (Schülerchat-Bild): stock.adobe.com/© Franz Pfluegl Fotostudio Pfluegl; (Knut): Shutterstock.com/Max Topchii; (Akiko): Shutterstock.com/leungchopan; (Philip): Shutterstock.com/Marian Fil; (Nina): Shutterstock.com/Luis Molinero; (Emojis): stock.adobe.com/Ivan Kopylov; (Gemüse-Emojis): Shutterstock.com/Inspiring; (Obst-Emojis): Shutterstock.com/Volha Shaukavets; (Hand-Emojis): Shutterstock.com/Lemberg Vector studio; **S. 24** (Emma & Lisa): Cornelsen/Drehkraft e.K.; **S. 26** (1): Shutterstock.com/Armin Staudt; (2): Shutterstock.com/Africa Studio; (3): Shutterstock.com/adriaticfoto; (4): Shutterstock.com/Fabio Principe; (5): Shutterstock.com/Dragon Images; (6): Shutterstock.com/UfaBizPhoto; **S. 28** (Emilia & Noah): Shutterstock.com/BearFotos; **S. 29** (1): Shutterstock.com/Juice Verve; (2): Shutterstock.com/Neirfy; (3): Shutterstock.com/Kozlik; (4): Shutterstock.com/YanLev; (Lesetreff): Shutterstock.com/AZAR KARIMLI; (Theater): Shutterstock.com/Art studio G; (Vogelhaus): Shutterstock.com/SoRad; (Mathe-Zirkel): Shutterstock.com/popicon; **S. 30** (Frühling): Shutterstock.com/bonandbon; (Winter): Shutterstock.com/YanLev; (Sommer): Shutterstock.com/Juice Dash; (Herbst): Shutterstock.com/Muellek; **S. 31** (8a): Shutterstock.com/George Rudy; **S. 34** (Klettern): Shutterstock.com/Armin Staudt; (Bibliothek): Shutterstock.com/YanLev; (Baden): Shutterstock.com/Juice Dash; (Freibad): Shutterstock.com/Fabio Principe; (Eis): Cornelsen/Drehkraft e.K.; (Schülerchat-Bild): stock.adobe.com/© Franz Pfluegl Fotostudio Pfluegl; **S. 36** (1): Shutterstock.com/BarthFotografie; (2): Shutterstock.com/stockcreations; (3): Shutterstock.com/austrian photographer; (4): Shutterstock.com/photocrew1; (5): Shutterstock.com/Jenny Sturm; (6): Shutterstock.com/RESTOCK images; (7): Shutterstock.com/Fascinadora; (8): Shutterstock.com/photo-oasis; (9): Shutterstock.com/Brent Hofacker; (10): Shutterstock.com/Hihitetlin; (11): Shutterstock.com/iuliia_n; (12): Shutterstock.com/Food Impressions; (13): Shutterstock.com/Anastasia Kamysheva; (14): Shutterstock.com/hlphoto; (15): Shutterstock.com/Art_Pictures; (16): Shutterstock.com/beats1; (Deutschlandkarte): Shutterstock.com/pASob; **S. 37** (Bäckerei): Shutterstock.com/Ikonoklast Fotografie; (Restaurant): Shutterstock.com/BearFotos; (Stadt): Shutterstock.com/SAHACHATZ; (Geburtstagsfeier): Shutterstock.com/Halfpoint; (zu Hause): Shutterstock.com/Yuganov Konstantin; **S. 38** (Fondue): Shutterstock.com/stockcreations; (Kartoffelsalat): Shutterstock.com/photocrew1; (Raclette): Shutterstock.com/KREUS; (Gänsebraten): Shutterstock.com/Liliya Kandrashevich; (Karpfen): Shutterstock.com/Alex Chippendale; (Fondue Chinoise): Shutterstock.com/54613; **S. 39** (Piste): Shutterstock.com/oneinchpunch; (Vanillekipferl): Shutterstock.com/A. Zhuravleva; (Ella): Shutterstock.com/Thomas Quack; (Plätzchen): Shutterstock.com/New Africa; (Panettone): Shutterstock.com/Paulo Vilela; (Alina): Shutterstock.com/gorillaimages; **S. 40** (Kuli): Shutterstock.com/Pixel Embargo; (Roboter): Shutterstock.com/Ociacia (Rucksack): Shutterstock.com/everytime; (Pflanze): Shutterstock.com/deckorator; (Hantel): Shutterstock.com/Marcel Huebner; (Schokolade): Shutterstock.com/gresei; (Brot): Shutterstock.com/simm49; (Eier): Shutterstock.com/virtu studio; **S. 42** (rechts): Shutterstock.com/UfaBizPhoto; (mitte): Shutterstock.com/Claire McAdams; (links): Shutterstock.com/fizkes; **S. 43** (1): Shutterstock.com/Anatoliy Karlyuk; (2): Shutterstock.com/Rob Marmion; (3): Shutterstock.com/spass; **S. 44** (Hip-Hop): Shutterstock.com/Iakov Filimonov; (Emojis): stock.adobe.com/Ivan Kopylov; **S. 45** (1): Shutterstock.com/goffkein.pro; (2): Shutterstock.com/tanasak butrat; (3): Shutterstock.com/fizkes; (4): Shutterstock.com/19 STUDIO; (Lippen lesen): Shutterstock.com/DenisNata; **S. 46** (rechts): Shutterstock.com/carballo; (links): Shutterstock.com/Rohappy; (mitte): Shutterstock.com/Norb_KM; (Emojis): stock.adobe.com/Ivan Kopylov; **S. 47** (Outfits): Shutterstock.com/Alena Ozerova; **S. 48** (Peters Party): Shutterstock.com/Maksim Shmeljov; (Emojis): stock.adobe.com/Ivan

Bildquellenverzeichnis

Kopylov; **S. 49** (Sam): Shutterstock.com/Mark Nazh; (Samira): Shutterstock.com/WAYHOME studio; (Milan): Shutterstock.com/NIKS ADS; (Hanna): Shutterstock/Sergei Kolesnikov; **S. 50** (Vlogbilder): Cornelsen/Drehkraft e.K.; **S. 52** (1): mauritius images/Cavan Images; (2): stock.adobe.com/igor_kell; **S. 53** (3): stock.adobe.com/Halfpoint; (4): mauritius images/Cavan Images; (Emojis): stock.adobe.com/Ivan Kopylov; (Daumen): Cornelsen/Kirsten Höcker; **S. 55** (Asra): Shutterstock.com/NaiyanaB; (Kim): Shutterstock.com/Dmytro Shkoda; **S. 56** (Kuchen): Shutterstock.com/Suzanne Tucker; (Freundinnen): Shutterstock.com/Jacob Lund; (Familie): mauritius images/alamy stock photo/Johner Images (Nele): Shutterstock.com/sergemi; **S. 59** (1): Shutterstock.com/Motortion Films; (2): Shutterstock.com/Voyagerix; (3): Shutterstock.com/Motortion Films; (4): Shutterstock.com/Motortion Films; (Emojis): stock.adobe.com/Ivan Kopylov; (Würfel): Shutterstock.com/3d_hokage; **S. 60** (1-3): Cornelsen/Drehkraft e.K.; (A): Shutterstock.com/Ruth Black; (B): Shutterstock.com/New Africa; (C): Shutterstock.com/Minur; (Kuchen): Cornelsen/Drehkraft e.K.; (Emma): Cornelsen/Drehkraft e.K.; **S. 62** (1): mauritius images/Westend61; (2): Shutterstock.com/Noppasin Wongchum; (3): stock.adobe.com/Bildkind; (4): Shutterstock.com/canadastock; **S. 63** (Hafen): Shutterstock.com/xsmirnovx; (Goethe): Shutterstock.com/sushimushi; (Zugspitze): Shutterstock.com/olga.syrykh; **S. 64** (Asaf): Shutterstock.com/Dean Drobot; (Mark): Shutterstock.com/Syda Productions; (Kia): Shutterstock.com/Aliona Hradovskaya; **S. 66** (Mark): Shutterstock.com/VH-studio; **S. 68** (Tagebuchbilder): Shutterstock.com/VH-studio; (Café): Shutterstock.com/Catarina Belova; **S. 70** (Reichstagsgebäude): Shutterstock.com/Sergey Kelin; (Alexanderplatz): Shutterstock.com/Noppasin Wongchum; (Fernsehturm): Shutterstock.com/Vitaly Goncharov; (Spree): Shutterstock.com/Gts; (Minigolf): Shutterstock.com/Andrey Armyagov; (Museumsinsel): Shutterstock.com/Boris Stroujko; (Brandenburger Tor): Shutterstock.com/Matthew Dixon; (Berlin): Cornelsen/Drehkraft e.K.; (Eastside Gallery): Cornelsen/Drehkraft e.K.; (Tempelhofer Feld): stock.adobe.com/Oleksandr Prykhodko/katatonia; **S. 72** (1): Shutterstock.com/Halfpoint; (2): Shutterstock.com/oliveromg; (3): stock.adobe.com/Monkey Business; (4): Shutterstock.com/lunamarina; (5): Shutterstock.com/Lubava84; (6): Shutterstock.com/Denis Kuvaev; **S. 74** (1A): Shutterstock.com/Skylines; (1B): stock.adobe.com; (1C): Shutterstock.com/Jalisko; (2A): Shutterstock.com/phive; (2B): Shutterstock.com/Pavel Shchukin; (2C): Shutterstock.com/Hennadii Tantsiura; (Koffer): Shutterstock.com/Africa Studio; **S. 75** (Matterhorn): Shutterstock.com/Kiattisak Anoochitarom; (Sächsische Schweiz): Shutterstock.com/marako85; (Wien): Shutterstock.com/cktravels.com; (Sylt): Shutterstock.com/Michael Thaler; **S. 76** (Emojis): Cornelsen/Laurent Lalo; (Matjes): Shutterstock.com/Andreas Krumwiede; (Bremer Stadtmusikanten): stock.adobe.com/parallel_dream; ("Universum"): stock.adobe.com/SirioCarnevalino; **S. 79** (Zürich): Shutterstock.com/iiMOHAMMEDii; (Schaffhausen): Shutterstock.com/locojoe; (Schlössli Wörth): stock.adobe.com/JFL Photography; **S. 840** (1): Shutterstock.com/Balate Dorin; (2): Shutterstock.com/kasakphoto; (3): Shutterstock.com/Andrew Mayovskyy; (4): Shutterstock.com/Denis Belitsky; (5): Shutterstock.com/rayints; (6): Shutterstock.com/Catarina Belova; (7): Shutterstock.com/vvvita; (8): Shutterstock.com/Zoom Team; (9): Shutterstock.com/likingthings; (Emojis): Cornelsen/Laurent Lalo; (Paula): Cornelsen/Drehkraft e.K.; (Sächsische Schweiz): Shutterstock.com/Andreas Zerndl; (Emma): Cornelsen/Drehkraft e.K.; (Max): Cornelsen/Drehkraft e.K.; (Ben): Cornelsen/Drehkraft e.K.; (Wannsee): Shutterstock.com/Pani Garmyder; (Campingplatz): Shutterstock.com/fritzundkatze; (Mallorca): Shutterstock.com/Kevin Eaves; **S. 82** (Berlin): stock.adobe.com/JFL Photography; (Bern): stock.adobe.com/VogelSP/Peter Stein; (Wien): stock.adobe.com/Boris Stroujko; **S. 83** (1): Shutterstock.com/Shulevskyy Volodymyr; (2): stock.adobe.com/TIGER RAW/#tigerraw; (3): Shutterstock.com/Fonsi; (4): Shutterstock.com/Mark Umbrella; (5): stock.adobe.com/Sahara Frost; (6): Shutterstock.com/Jakub Rutkiewicz; **S. 84** (1): stock.adobe.com/MiRu64/nikonmike; (2): Shutterstock.com/katatonia82; (3): stock.adobe.com/saumhuhn; (4): Shutterstock.com/reuerendo; **S. 85** (1): Shutterstock.com/makasana photo; (2): Shutterstock.com/Bermek; (3): mauritius images/Martin Siepmann; (4): Shutterstock.com/Digital Storm; (Bodensee): Shutterstock.com/ii-graphics; **U3** (Landkarte): Cornelsen/Carlos Borrell Eiköter